Farah,
Que você [...]
jornada qu[...] [vo]cê,
não só lá fora, mas Tudo que será
gerado a partir disso.
Que a bênção de Deus seja sobre
sua vida! - Elizandra.

GUI!
Que dê tudo certo para você nesta
viagem, Deus tem um propósito muito
grande na sua vida, desejo tudo de bom
pra ti [...]
Beijos Juliana!

Gui.
Eu não sei o que te dizer porque palavras
são tão vagas.... Mas eu quero que você saiba
que eu nunca vou te esquecer e que eu te
amo muito, muito, muito.
Bj.bj.bj... Bia Porto.

Gui Farah,
Jesus te ama Bro' eu tbm
Ryan [...] vcé dt!

Oiiii obrigada por tudo, obrigada pelas brincadeiras, pelas conversas sérias e até mesmo pelas "brigas", foram muito edificantes! Que você continue sendo esse cara fera, esse cara que realmente fez a diferença, você é mais que um amigo, você é um irmão pra mim, te admiro muito! Tenho muito orgulho de falar isso, você é um referencial para mim!
Te amo muito. ♡
beijo Bel!

Cara obrigado por este tempo que passamos Juntos Jesus te ama e eu tambem NOIS SEMPRE!!! GUSSO

FRANCIS CHAN
com danae yankoshi

LOUCO AMOR

MARAVILHADO COM UM DEUS QUE NUNCA MUDA

Traduzido por OMAR DE SOUZA

Copyright © 2008 por Francis Chan
Publicado originalmente por David C. Cook, Colorado, EUA

Os textos das referências bíblicas foram extraídos da *Nova Versão Internacional* (NVI), da Sociedade Bíblica Internacional, salvo indicação específica.

Todos os direitos reservados e protegidos pela Lei 9.610, de 19/02/1998. É expressamente proibida a reprodução total ou parcial deste livro, por quaisquer meios (eletrônicos, mecânicos, fotográficos, gravação e outros), sem prévia autorização, por escrito, da editora.

Dados Internacionais de Catalogação na Publicação (CIP)
(Câmara Brasileira do Livro, SP, Brasil)

Chan, Francis

Louco amor: maravilhado com um Deus que nunca muda / Francis Chan, Danae Yankoski; traduzido por Omar de Souza. — São Paulo: Mundo Cristão, 2009.

Título original: Crazy Love
ISBN 978-85-7325-564-5

1. Deus - Amor 2. Vida cristã I. Yankoski, Danae II. Título.

08-11018   CDD-248.4

Índice para catálogo sistemático:
1. Vida espiritual : Cristianismo 248.4
Categoria: Inspiração

Publicado no Brasil com todos os direitos reservados por:
Editora Mundo Cristão
Rua Antônio Carlos Tacconi, 79, São Paulo, SP, Brasil, CEP 04810-020
Telefone: (11) 2127-4147
Home page: www.mundocristao.com.br

1ª edição: março de 2009
9ª reimpressão: 2013

Pai celestial, obrigado por sua graça. Seu perdão é tão grande que, às vezes, tenho dificuldade para acreditar. Obrigado por me resgatar de mim mesmo e por me conceder o seu Espírito Santo. Seu amor é melhor que a vida.

A minha melhor amiga, Lisa, por ser uma esposa e mãe generosa, linda e maravilhosa.

Agradecimentos

Obrigado a...

Danae Yankoski por dedicar o coração e tanto esforço a este livro.

Don e Jenni, da DC Jacobson e Associados, por seu incentivo e sua ajuda.

Todd e Joshua, por servirem à igreja e à faculdade, cuja liderança Deus lhes entregou.

Minha assistente, Sandy, por ser uma senhora tão legal e solícita.

Membros da Igreja Pedra Angular, por buscarem a Deus ao meu lado com paixão.

Sumário

Apresentação   13

Prefácio   15

Capítulo 1: Pare de orar   21

Capítulo 2: Talvez você não chegue ao fim deste capítulo   35

Capítulo 3: Louco amor   49

Capítulo 4: Perfil do cristão morno   61

Capítulo 5: Servindo restos a um Deus santo   79

Capítulo 6: Quando você ama   97

Capítulo 7: O melhor da vida... mais tarde   111

Capítulo 8: Perfil do obsessivo   125

Capítulo 9: Quem consegue viver desse jeito?   143

Capítulo 10: O xis da questão   159

Sobre os autores   171

Apresentação

É com grande entusiasmo e muita honra que tenho a oportunidade de apresentar aos leitores meu amigo Francis Chan. Francis é uma daquelas pessoas raras que encontramos na vida e que nos despertam o desejo de sermos melhores como seres humanos — sabe como é, um amigo melhor, um vizinho melhor, um atleta melhor (bem, talvez não um atleta melhor... eu consigo derrotar Francis na maioria das coisas que envolvem competição). Mas o mais importante é que Francis faz você desejar mais de Jesus. Se você ficar perto dele por mais de meia hora, logo vai perceber que se trata de um homem de grande visão e determinação no que diz respeito à missão de Jesus. Algumas pessoas podem dizer que Francis tem um quê de idealista ao imaginar que uma vida é suficiente para fazer diferença neste mundo. Mas eu diria que ele é o último realista que restou. Quer dizer, alguém que acredita que Deus é, de fato, quem afirma ser, e a única verdade desta vida é seguir esse Deus de todo o coração.

O livro que você tem em mãos, *Louco amor*, pode até ser o mais desafiador — além da Palavra de Deus — que você lerá este ano. (E nos próximos anos, diga-se de passagem.) O *status quo* e as normas da chamada "vida cristã", sob os quais tantos de nós estamos acostumados a viver, são garantia de desastre! Você não acha curioso o fato de a parte final de Atos 11:26 dizer: "Em Antioquia, os discípulos foram pela primeira vez chamados cristãos"? O que considero mais interessante é a simples ideia de que não foram os cristãos que inventaram esse nome para si. Em vez disso, eles *foram chamados* (ou *designados*) "cristãos" por aquelas pessoas que observavam a vida que eles levavam. Fico pensando se a mesma coisa aconteceria hoje em dia. Será que alguém seria capaz de olhar para sua vida ou para a minha e nos chamar de "cristãos"? Com certeza, uma pergunta diante da qual não dá para permanecer na arrogância.

Louco amor é o título perfeito para este livro. Quando perguntaram a Jesus: "... qual é o maior mandamento da Lei?", ele respondeu: "O amor". "Ame o Senhor, o seu Deus de todo o seu coração, de toda a sua alma e de todo o seu entendimento". Esse é o primeiro e maior mandamento. E o segundo é semelhante a ele: "Ame o seu próximo como a si mesmo" (Mt 22:37-39).

Como Francis ilustra com tanto brilhantismo, a vida à qual Jesus nos chama é completa loucura aos olhos do mundo. Não há dúvida de que *acreditar* em Deus é bom e politicamente correto, mas *amá-lo* de verdade é outra história bem diferente. Sim, fazer doações aos pobres na época do Natal ou ajudar as vítimas de uma tragédia é um belo gesto de generosidade, mas sacrificar o próprio conforto e bem-estar pelos outros pode parecer maluquice diante de um mundo tão seguro e tranquilo.

Eu me senti extremamente desafiado pelas páginas que você está prestes a ler, e me sinto entusiasmado pelo fato de você estar mergulhando neste livro tão necessário. Encorajo você a encarar as convicções presentes no texto de *Louco amor*. Sei que seu coração e seu espírito serão motivados a voltar ao primeiro amor.

Chris Tomlin
Compositor e líder de adoração musical das Conferências Passion

Prefácio

> *Ler a Bíblia, frequentar a igreja e evitar os "grandes" pecados — seriam esses os sinais de um amor apaixonado e sincero por Deus?*
>
> François Fénelon, *The Seeking Heart* [O coração que busca]

Todo mundo sabe que tem alguma coisa errada.

No início, eu achava que era apenas comigo. Foi então que me vi diante de 20 mil universitários cristãos e perguntei: "Quantos de vocês já leram o Novo Testamento e questionaram até que ponto nós, as pessoas que frequentam as igrejas, não conseguimos entendê-lo direito?". Ao ver que quase todas as mãos foram erguidas, eu me senti mais à vontade. No mínimo, não estou maluco.

Neste livro, vou fazer algumas perguntas bem difíceis. Elas vão mexer com algo que muitos de nós sentimos, mas geralmente temos medo de articular e analisar. Não se preocupe; não se trata de mais um livro escrito com o objetivo de criticar as igrejas. Acho que é muito fácil jogar a culpa sobre a igreja sem reconhecer que todos nós fazemos parte dela e somos, portanto, responsáveis pelo problema. Mas acredito que todo mundo sente — até mesmo quem nunca verbalizou esse sentimento — que a igreja não está indo bem em vários aspectos.

Fico nervoso quando penso em como nos afastamos daquilo que deveríamos ser, e triste ao refletir sobre como estamos longe de tudo quanto Deus desejava para o povo pelo qual entregou a própria vida.

Nem sempre me senti assim. Fui criado acreditando em Deus sem ter a menor ideia de como ele seria. Eu me apresentava como cristão, estava bastante envolvido na igreja e tentava me manter afastado de tudo o que os "bons cristãos" evitam: bebidas, drogas, sexo ilícito, blasfêmia. O cristianismo era bem simples: lute contra seus desejos para agradar Deus. Toda vez que eu cometia um erro (o que acontecia com frequência), saía por aí me sentindo culpado e distante de Deus.

Olhando para trás, não acho que os ensinamentos que recebi na igreja estivessem errados; apenas incompletos. Minha visão de Deus era estreita e reduzida.

Agora sou um homem casado, pai de quatro filhos e pastor de uma igreja no sul da Califórnia. Até alguns anos atrás, eu era uma pessoa satisfeita com a maneira como Deus estava trabalhando em minha vida e na igreja. Foi então que Deus começou a mudar o meu coração. Isso aconteceu, em grande medida, durante os períodos que passei lendo a Palavra. A convicção que senti por meio dos ensinamentos contidos nas Escrituras, combinada com muitas experiências em países do terceiro mundo, mudou tudo. Algumas quebras de paradigmas muito sérias ocorreram em minha vida e, consequentemente, em nossa igreja.

O resultado é que nunca me senti mais vivo, e o mesmo aconteceu com a Igreja Pedra Angular. É muito divertido fazer parte de um grupo de cristãos dispostos a pensar em termos bíblicos, e não de maneira convencional; de uma comunidade na qual a vida radical está se tornando o modelo.

PREFÁCIO

Este livro foi escrito para todas as pessoas que querem mais de Jesus. É para aqueles que já não aguentam mais aquilo que o cristianismo institucional tem a oferecer. É para quem não quer mais se acomodar, gente que prefere morrer antes de ver suas convicções desfeitas.

Espero que a leitura deste livro convença você de algo muito importante: que, ao se render totalmente aos propósitos de Deus, ele lhe proporcionará o maior prazer que se pode desfrutar nesta vida e no porvir. Espero que isso confirme o seu desejo por "mais de Deus" — mesmo que esteja cercado de pessoas que acreditam já terem "o suficiente do Senhor". Espero que esta obra gere confiança, caso você esteja questionando ou mesmo duvidando do compromisso da igreja. Quero alimentar esse questionamento e, ao mesmo tempo, garantir-lhe que há esperança.

Deus me colocou em Simi Valley, na Califórnia, para conduzir uma igreja de pessoas acomodadas a uma vida de risco e aventura. Acredito que ele queira ver em nós um amor tão grande a ponto de chegarmos a extremos para ajudar uns aos outros. Acho que ele deseja que sejamos conhecidos por nossa generosidade — nossa capacidade de doar tempo, dinheiro e talentos; ele quer dar início a um movimento de igrejas "doadoras". Ao fazer isso, podemos aliviar o sofrimento no mundo e mudar a reputação da noiva de Cristo na terra. Certas pessoas, mesmo algumas em minha igreja, já me disseram de maneira curta e grossa: "Você é maluco!". Mas não consigo imaginar minha vida dedicada a outra visão mais grandiosa que essa.

Precisamos parar de inventar desculpas por não acreditar em Deus. É provável que você já tenha ouvido esta afirmação: "Eu creio em Deus; só não acredito é nas religiões organizadas". Acho que as pessoas não diriam isso se a igreja vivesse, de fato, como é chamada a viver. Caso isso acontecesse, a frase mudaria para algo mais ou menos assim: "Não posso negar o que a igreja faz, mas não acredito no Deus deles". Na pior das hipóteses, essas pessoas dirigiriam sua rejeição a Deus, em vez de usar a igreja como bode expiatório.

Vamos ver de que maneira a Bíblia indica que devemos viver a vida. É importante não usarmos as pessoas que nos cercam como medida para nossa saúde espiritual, pois elas são muito parecidas conosco. Para dar início a essa jornada, começaremos abordando a visão pouco precisa que temos a respeito de Deus e, consequentemente, de nós mesmos.

Antes, porém, de vermos o que está errado e tratarmos dessas questões, precisamos entender uma coisa. O problema primordial não é o fato de sermos cristãos mornos, sem entusiasmo ou estagnados. O ponto crucial disso tudo é o motivo de sermos assim, ou seja, temos uma visão imprecisa de Deus. Nós o vemos como um ser benevolente que se satisfaz em ver as pessoas dando um jeito de encaixá-lo em sua vida, mesmo que de alguma maneira bem limitada. Esquecemos que Deus nunca enfrenta crises de identidade. Ele sabe que é grandioso e merece ser o centro de nossa vida. Jesus veio de um modo humilde, como servo, mas não precisa implorar que lhe entreguemos uma parte menor de nosso ser. Ele controla todas as coisas, a começar por aqueles que o seguem.

Os primeiros três capítulos são absolutamente fundamentais para a compreensão deste livro. Embora algumas partes possam não constituir um material "novo" para você, permita que essas verdades sagradas o mobilizem à adoração. Oro para que a leitura das próximas páginas seja interrompida por momentos de louvor espontâneo e sincero a Deus. Permita que essas palavras transmitam as antigas verdades ao seu coração, mas de uma maneira inteiramente nova.

Depois que o fundamento for estabelecido nos três primeiros capítulos, os últimos sete nos convocarão a uma introspecção. Vamos abordar a vida à luz do cerne da existência de Deus. Descobriremos o que está errado em nossas igrejas e, em última análise, em nós mesmos.

Convido você a me acompanhar nessa jornada. Não posso prometer que ela será trilhada sem sofrimento. Mudanças, como todos sabem, geram certo desconforto. Só depende de você reagir ao que está prestes a ler. Mas não lhe faltará oportunidade de escolher entre ajustar sua vida, dia após dia, ou continuar sendo a mesma pessoa.

CAPÍTULO 1

Pare de orar

E se eu dissesse a você: "Pare de orar"? O que aconteceria se eu pedisse a você que parasse de conversar com Deus por algum tempo e, ao invés disso, desse uma olhada cuidadosa e demorada nele antes de pronunciar a próxima palavra? Salomão fez o alerta: não devemos nos precipitar na hora de falar com Deus, apresentando-nos em sua presença apenas com as palavras. Isso é o que os tolos fazem. E geralmente é o que fazemos também.

Fazemos parte de uma cultura que confia mais na tecnologia que na comunidade, uma sociedade em que as palavras faladas e escritas são gratuitas, excessivas e pouco valorizadas. Nossa cultura diz que vale tudo; quase não se ouve falar a respeito do temor de Deus. Demoramos muito para ouvir, falamos precipitadamente e logo nos exasperamos.

O homem sábio se apresenta a Deus sem dizer uma palavra, e permanece em reverência diante dele. Contemplar o Deus invisível pode parecer um esforço inútil, mas Romanos 1:20 nos diz que, por intermédio da criação, podemos ver "os atributos invisíveis de Deus [...] e sua natureza divina...".

Vamos começar este livro contemplando Deus em silêncio. Neste exato momento, quero que você entre na internet e dê uma olhada no vídeo *O fator reverência* no *site <www.mundocristao.com.br/loucoamor>* para provar um pouquinho do fator reverência diante de nosso Deus. É sério: faça isso agora.

Ficou sem saber o que falar? Impressionado? Prostrou-se em humildade?

Quando vi aquelas imagens pela primeira vez, *tive* de adorar. Não queria falar nem dividir aquele momento com ninguém. Só queria me sentar bem quietinho para admirar o Criador.

É uma loucura pensar que a maioria daquelas galáxias só foram descobertas nos últimos anos, graças ao telescópio Hubble. Elas já estavam no universo havia milhares de anos sem que os seres humanos sequer tivessem noção da existência delas.

Por que Deus teria criado mais de 350 bilhões de galáxias (e essa é uma estimativa conservadora) que tantas gerações de pessoas jamais viram ou mesmo imaginaram existir? Você acha que era somente para que disséssemos: "Puxa, Deus é mesmo incrivelmente grande."? Ou será que Deus desejava que víssemos aquelas fotografias e reagíssemos dizendo: "Quem eu penso que sou?".

R. C. Sproul escreveu: "Os seres humanos nunca se dão conta ou se convencem de sua insignificância enquanto não são confrontados com a majestade de Deus".[1]

Reflita comigo por um minuto e pense na complexidade de detalhes presente no outro lado da criação.

---

[1] *The Holiness of God*, Carol Stream: Tyndale House, 2000, p. 68.

Você sabia que uma lagarta possui 228 músculos separados e distintos na cabeça? Para um inseto, até que é pouco. Um olmo, árvore muito comum na Europa e na América do Norte, tem, em média, *6 milhões* de folhas. E, ao bombear sangue para circular por todo o corpo, o coração humano gera pressão suficiente para espirrar sangue a uma distância de até quase dez metros. (Nunca fiz esse teste, e também não o recomendo.)

Você já parou para pensar em como Deus é criativo e diversificado? Ele não era obrigado a criar centenas de tipos diferentes de bananas, mas criou. Não tinha de colocar 3 mil espécies diferentes de árvores em um espaço equivalente a uma milha quadrada da floresta amazônica, e mesmo assim ele o fez. Deus não precisava criar tantos tipos de risadas. Pense a respeito dos diferentes sons de risadas de seus amigos — alguns deles chiam, outros roncam, riem em silêncio, fazem muito barulho ou produzem ruídos desagradáveis.

Que tal pensar em como as plantas desafiam a gravidade ao conduzir água de baixo para cima, a partir do solo, até chegar a seus troncos e ramos? Você sabia que as aranhas produzem três tipos de seda? Quando elas tecem suas teias, fabricam quase vinte metros de seda em apenas uma hora. Ao mesmo tempo, produzem um óleo especial nas patas; ele evita que as aranhas fiquem grudadas na própria teia. (A maioria das pessoas detesta aranhas, mas quase vinte metros de seda por hora merecem respeito!) Os corais são tão sensíveis que morrem se a temperatura da água variar um ou dois graus.

Você sabia que, quando uma pessoa fica arrepiada, o pelo está, na verdade, ajudando o corpo a se manter aquecido, enganando o controle da temperatura corporal? Já parou para pensar no simples fato de as plantas reterem dióxido de carbono (que é prejudicial aos seres humanos) e produzirem oxigênio (do qual precisamos para sobreviver)? Tenho certeza de que você já sabia disso, mas já parou para se maravilhar diante dessa realidade? E essas mesmas plantas que ingerem veneno e produzem vida são geradas a partir de sementes minúsculas que foram espalhadas pela terra. Algumas foram regadas, outras não. No entanto, depois de alguns dias, elas abriram passagem por dentro do solo até alcançar o calor dos raios de sol.

Sejam quais forem as razões de Deus para tanta diversidade, criatividade e sofisticação no universo, na terra e até mesmo em nosso corpo, o objetivo de tudo isso é a glória do Senhor. A arte divina fala a respeito de Deus, refletindo quem ele é e como ele é.

> Os céus declaram a glória de Deus; o firmamento proclama a obra das suas mãos. Um dia fala disso a outro dia; uma noite o revela a outra noite. Sem discurso nem palavras, não se ouve a sua voz. Mas a sua voz ressoa por toda a terra, e as suas palavras, até os confins do mundo.
>
> Salmos 19:1-4

É por isso que somos chamados a adorar o Senhor. Sua arte, a obra de suas mãos e sua criação, tudo ecoa a mesma verdade: Deus é glorioso. Não há nenhum outro como ele. É o Rei dos reis, o Início e o Fim, aquele que é, que foi e que há de vir. Sei que você já ouviu isso antes, mas não quero que deixe essa verdade lhe escapar.

Às vezes, sinto dificuldade em imaginar a maneira mais apropriada de reagir diante da magnitude de Deus em um mundo inclinado a ignorá-lo ou, no máximo, tolerá-lo. Mas saiba de uma coisa: Deus não deve ser tolerado. Ele nos orienta a adorá-lo e temê-lo.

Volte um pouco e leia novamente os últimos dois parágrafos. Vá até o *site* <www.mundocristao.com.br/loucoamor> e assista ao vídeo *Pare e pense*, de quinze minutos. Feche este livro, se achar necessário, e medite sobre o Deus poderoso que habita na luz inacessível, o glorioso Senhor.

Há uma epidemia de amnésia espiritual rondando por aí, e nenhum de nós está imune a ela. Não importa quantos detalhes fascinantes tenhamos aprendido sobre a criação de Deus; não importa quantas fotografias vejamos das galáxias que ele criou; não importa quantos crepúsculos venhamos a contemplar — nós nos esqueceremos.

A maioria de nós sabe que fomos criados para amar e temer a Deus; que devemos ler a nossa Bíblia e orar ao Senhor, pedindo para conhecê-lo melhor; que temos o dever de adorá-lo com nossa vida. Mas pôr essas coisas em prática é um grande desafio.

Ficamos confusos quando encontramos dificuldade para amar o Senhor. Não deveria ser fácil amar um Deus assim, tão maravilhoso? Quando amamos o Senhor por achar que *temos* de amá-lo, em vez de fazê-lo de maneira sincera, do fundo de nosso ser, significa que nos esquecemos de quem ele é. Nossa amnésia está se manifestando mais uma vez.

Pode parecer meio "não cristão" dizer que, em certas manhãs, não me sinto como se amasse Deus. Mas é isso o que acontece. Em nosso mundo, onde centenas de coisas servem para nos distrair e fazer que esqueçamos do Senhor, devemos nos lembrar dele de maneira deliberada e frequente.

Há algum tempo, participei da reunião de minha turma do colégio de ensino médio. Por várias vezes, as pessoas vinham e perguntavam: "Ela é *sua* esposa?". Acredito que elas ficavam impressionadas ao ver como uma mulher tão linda tinha se casado com um cara como eu. Isso aconteceu tantas vezes que dei uma boa olhada em uma fotografia nossa. Também fiquei espantado com o que vi. É *mesmo* extraordinário o fato de minha esposa fazer a opção de ficar comigo — e não digo isso apenas porque ela é bonita. Isso me fez lembrar a plenitude das coisas que me foram concedidas na pessoa de minha esposa.

Precisamos dos mesmos tipos de lembretes quando se trata da bondade de Deus. Somos programados para nos concentrar naquilo que não temos, bombardeados várias vezes durante o dia com a lembrança do que precisamos comprar e que nos farão mais felizes, mais bonitos ou nos proporcionarão paz de espírito. Essa insatisfação é automaticamente transferida para aquilo que pensamos a respeito de Deus. Esquecemos que já temos tudo quanto precisamos nele. Por não pensarmos com frequência sobre a realidade de quem Deus é, temos muita facilidade de esquecer que o Senhor é digno de ser adorado e amado. Nossa postura deve ser de temor a ele. A.W. Tozer escreveu:

> O que vem a nossa mente quando pensamos em Deus é a coisa mais importante no que diz respeito a nossa própria pessoa [...] A adoração é pura ou vil conforme os pensamentos elevados ou inferiores que o adorador alimenta em relação a Deus. Por esse motivo, o assunto mais grave para a igreja é sempre Deus, Ele mesmo; e o mais portentoso fato a respeito de qualquer homem não é o que poderá dizer ou fazer num dado momento, mas sim a imagem que ele tem de Deus, no fundo do seu coração.[2]

---

[2] *Mais Perto de Deus*, São Paulo: Mundo Cristão, 2007, 2ª ed. p. 7.

Se "a questão mais importante" que temos diante de nós é mesmo nossa concepção de Deus, como aprendemos a conhecê-lo?

Vimos há pouco que ele é o Criador tanto da magnitude das galáxias quanto da complexidade das lagartas. Mas como é esse Deus? Quais são suas características? Quais são os atributos que o definem? Como devemos temê-lo? Como falar com ele? Pense nisso sem pressa. Temos de ser relembrados de todas essas coisas. Elas são básicas e cruciais para a fé.

Deus é santo. Muita gente diz que, seja qual for a sua crença a respeito de Deus, está ótima, desde que você creia com sinceridade. Mas isso pode ser comparado a descrever um amigo como um lutador de sumô de 135 quilos, em determinada ocasião, e um ginasta de 41 quilos e 1,5 metro de altura, em outra. Não importa quão sincero você seja, é impossível que as duas descrições da mesma pessoa sejam verdadeiras.

O mais absurdo de fazer a mesma coisa em relação a Deus é que ele já tem um nome, uma identidade. Não temos de decidir quem Deus é. "Disse Deus a Moisés: 'Eu Sou o que Sou'" (Êx 3:14). Não podemos mudar isso.

Declarar que Deus é santo equivale a dizer o seguinte: ele está separado, é distinto de nós. Por essa razão, não podemos penetrar na profundidade de quem Deus é, de maneira alguma. Para os judeus, dizer alguma coisa três vezes era uma maneira de demonstrar perfeição. Por isso, quando Deus é chamado "Santo, Santo, Santo", o objetivo é dizer que ele é perfeito, perfeitamente separado; nada ou ninguém pode ser comparado a ele. É *isso* que significa ser "santo".

Muitos autores cheios do Espírito Santo esgotaram o dicionário no esforço de descrever Deus com a glória que ele merece. Sua santidade perfeita, por definição, nos assegura que nossas palavras não podem contê-lo. Não é motivo de consolo adorar um Deus cuja descrição nunca pode ser considerada exagerada?

Deus é eterno. A maioria de nós provavelmente concorda com essa afirmação, mas você já parou para meditar a sério a respeito de seu significado? Cada pessoa teve um começo; todas as coisas que existem começaram em um determinado dia, em um tempo específico.

Tudo, é claro, com exceção de Deus. Ele sempre existiu, desde antes da criação da terra, do universo ou mesmo dos anjos. Deus existe além do tempo, e, como nossa vida está inserida no tempo, não há nenhuma maneira de, um dia, assimilarmos esse conceito em sua totalidade.

Não ser capaz de entender Deus plenamente é um pensamento um tanto frustrante, mas é ridículo achar que temos o direito de limitar o Senhor a algo que sejamos capazes de compreender. Que Deus raquítico e insignificante seria *esse*! Se minha mente tem o tamanho de uma latinha de refrigerante e Deus tem a dimensão de todos os oceanos juntos, seria uma estupidez de minha parte dizer que ele se limita à capacidade de água que cabe dentro de minha latinha. Deus é muito maior e está infinitamente além de nossa vida limitada pelo tempo, tão dependente de ar, alimento e sono.

Por favor, dê uma parada aqui, mesmo que seja por um momento, e glorifique o Deus eterno: "Tu, porém, Senhor, no trono reinarás para sempre; o teu nome será lembrado de geração em geração [...] Mas tu permaneces o mesmo, e os teus dias jamais terão fim" (Sl 102:12,27).

Deus sabe de todas as coisas. Você não se sente intimidado diante desse pensamento?

Cada um de nós, em maior ou menor grau, consegue enganar os amigos e a família no que concerne a quem realmente somos.

Mas é impossível fazer a mesma coisa com Deus. Ele conhece cada pessoa de maneira profunda e específica. Ele conhece nossos pensamentos antes mesmo que eles cheguem à mente, e nossas ações antes que as pratiquemos, seja o simples ato de deitar, de sentar ou de caminhar por aí. Deus sabe quem somos e quais são as nossas tendências. Não podemos fugir da presença dele; mesmo que quiséssemos, não conseguiríamos. Por mais que eu me esforce na tentativa de ser fiel ao Senhor e precise de um pouco de descanso, isso não chega a surpreendê-lo.

No caso de Davi, o conhecimento de Deus o impelia à adoração. Ele encarava esse conhecimento como algo maravilhoso e muito significativo. Ele escreveu, no salmo 139, que, mesmo em meio a trevas, não conseguiria se esconder de Deus; que até mesmo enquanto esteve no ventre de sua mãe, o Senhor estava ali com ele.

Hebreus 4:13 diz: "Nada, em toda a criação, está oculto aos olhos de Deus. Tudo está descoberto e exposto diante dos olhos daquele a quem havemos de prestar contas". É sinal de sensatez entender que esse mesmo Deus é eterno e santo, o Criador de bilhões de galáxias e de milhares de espécies de árvores na floresta tropical. Esse é o Deus que dedica tempo para conhecer todos os pequenos detalhes a respeito de cada pessoa. Ele não era obrigado a nos conhecer assim tão bem, mas foi essa a escolha que fez.

Deus é todo-poderoso. Colossenses 1:16 nos afirma que tudo foi criado *para* Deus: "pois nele foram criadas todas as coisas nos céus e na terra, as visíveis e as invisíveis, sejam tronos ou soberanias, poderes ou autoridades; todas as coisas foram criadas por ele e para ele".

Pare e pense: será que, ao invés disso, não estamos vivendo como se Deus tivesse sido criado apenas *para* nós, para *nos* servir, para *nos* abençoar e para tomar conta das pessoas que *nós* amamos?

Salmos 115:3 apresenta esta revelação: "O nosso Deus está nos céus, e pode fazer tudo o que lhe agrada". Ainda assim, continuamos questionando o Senhor de várias maneiras. "Por que o senhor me criou com este corpo, em vez de me dar aquele?"; "Por que tanta gente no mundo morre de fome?"; "Por que há tantos planetas sem vida espalhados pelo espaço?"; "Por que minha família é tão complicada?"; "Por que o senhor não se revela de uma maneira mais clara para as pessoas que precisam de sua ajuda?".

A resposta a cada uma dessas perguntas é simplesmente esta: ele é Deus. Ele tem mais do que o direito de nos perguntar por que tantas pessoas estão morrendo de fome. Por mais que queiramos reivindicar de Deus explicações a respeito de sua pessoa e de sua criação, não temos nenhuma condição de exigir que ele preste contas a nós. "Todos os povos da terra são como nada diante dele. Ele age como lhe agrada com os exércitos dos céus e com os habitantes da terra. Ninguém é capaz de resistir a sua mão ou dizer-lhe: 'O que fizeste?'" (Dn 4:35).

Você é capaz de adorar um Deus que não é obrigado a dar explicações a respeito de seus atos? Será que não é arrogância de sua parte pensar que Deus lhe deve satisfações?

Acredita mesmo que, em comparação com Deus, "todas as pessoas da terra são como nada", incluindo você?

Deus é justo. Uma definição de justiça é: "Recompensa e/ou castigo em razão de merecimento". Se alguém nos perguntasse o que merecemos, acabaríamos com tantas respostas diferentes quanto as pessoas que respondessem. Mas isso não depende de nós, principalmente porque ninguém é suficientemente bom.

Deus é o único ser realmente bom, e é ele quem estabelece os padrões de bondade. Por odiar o pecado, ele tem de castigar os pecadores. Talvez não seja um padrão dos mais simpáticos para nós, mas sejamos francos: quem é dono do universo tem a prerrogativa de estabelecer o padrão que bem entender. Quando discordamos, não temos o direito de achar que é o raciocínio de Deus que precisa mudar.

É preciso muito esforço para compreender o ódio total que Deus sente em relação ao pecado. Inventamos desculpas como: "Sim, sou uma pessoa meio orgulhosa de vez em quando, mas todo mundo tem alguma dificuldade para controlar o orgulho". No entanto, Deus afirma, em Provérbios 8:13: "Odeio o orgulho e a arrogância...". Nem eu nem você temos permissão para determinar até que ponto Deus pode ou não detestar o pecado. Ele pode odiar e castigar o pecado tão severamente quanto a justiça divina o exigir.

Deus nunca justifica o pecado. E ele é sempre coerente com essa ética. Toda vez que começarmos a questionar esse conceito, tudo o que precisamos fazer é pensar na cruz, onde o Filho de Deus foi torturado, escarnecido e espancado por causa do pecado. O *nosso* pecado.

Não há nenhuma dúvida a respeito disto: Deus odeia o pecado e deve puni-lo. E ele é totalmente justo ao fazer isso.

Diante do trono

Até agora, falamos sobre coisas que podemos ver com os próprios olhos — coisas que sabemos a respeito da criação e alguns dos atributos de Deus de acordo com aquilo que a Bíblia nos revela. Mas muitas facetas de Deus ultrapassam nossa compreensão. Ele não pode ser contido por este mundo, explicado por meio de nosso vocabulário nem assimilado por nossa compreensão.

Ainda assim, em Apocalipse 4 e Isaías 6, temos dois vislumbres distintos da sala do trono celestial. Permita-me desenhar uma imagem descritiva dessas passagens.

Em Apocalipse, quando João relata sua experiência de contemplar o próprio Deus, é como se ele tivesse dificuldade para encontrar palavras terrenas que descrevam de maneira adequada a visão com a qual foi privilegiado. O apóstolo descreve o Ser sentado no trono comparando seu aspecto ao de duas pedras, "jaspe e sardônio", e a área em torno do trono como um arco-íris "parecendo uma esmeralda". Deus, aquele que estava no trono, tem um aspecto mais parecido com o de pedras radiantes do que com carne e sangue.

Esse tipo de imagem poética e artística pode ser de difícil compreensão para aqueles que não pensam da mesma maneira. Por isso, tente imaginar o mais extraordinário pôr do sol que já tenha visto. Consegue se lembrar das cores radiantes espalhadas pelo céu e de como você parou para admirar aquele cenário? E de como as palavras "puxa" e "lindo" pareciam insuficientes para descrever a cena? Aí está um pouquinho do que João está falando, em Apocalipse 4, ao tentar articular sua visão da sala do trono celestial.

O apóstolo descreve "relâmpagos" e "trovões" vindos do trono de Deus, um trono que não deve parecer com nenhum outro já visto. Ele escreve que, diante do trono, estão colocadas sete lâmpadas de fogo e algo como um mar de vidro, cuja semelhança era a do cristal. Usando palavras comuns, ele faz o melhor que pode para descrever um lugar celestial e um Deus santo.

O mais intrigante para mim é como João descreve aqueles que estão em volta do trono. Primeiro, há 24 anciãos vestidos de branco e usando coroas de ouro. Em seguida, o apóstolo relata a presença de quatro seres alados com olhos cobrindo todo o corpo e as seis asas que cada um possui. Um tem o rosto de um leão, o outro de um boi, o terceiro de um homem e o quarto de uma águia.

Tento imaginar como seria se eu visse uma dessas criaturas no meio da floresta ou em uma praia. É bem provável que eu desmaiasse! Seria aterradora a visão de um ser com o rosto de um leão e coberto de olhos por todo o corpo.

Como se a visão de João já não fosse suficientemente estranha e extravagante, ele nos diz, em seguida, o que os seres estavam dizendo. Os 24 anciãos lançam suas coroas de ouro diante daquele que estava sentado sobre o trono, se prostram em sua presença e dizem: "Tu, Senhor e Deus nosso, és digno de receber a glória, a honra e o poder, porque criaste todas as coisas, e por tua vontade elas existem e foram criadas". Ao mesmo tempo, as quatro criaturas não param (noite e dia) de dizer: "Santo, santo, santo é o Senhor, o Deus todo-poderoso, que era, que é e que há de vir". Tente se imaginar dentro daquela sala, cercado pelos anciãos declarando que Deus é digno de glória, honra e poder, e as criaturas afirmando que Deus é santo.

O profeta Isaías também teve uma visão de Deus na sala do trono, mas dessa vez a imagem é mais objetiva: "... eu vi o Senhor assentado num trono...".

Uau! Isaías viu aquilo e sobreviveu? Os israelitas se escondiam toda vez que Deus passava pelo campo porque temiam muito olhar para ele, mesmo que pelas costas, conforme se afastava. Tinham medo de que a visão de Deus os levasse à morte.

Isaías, porém, olhou e viu Deus. Ele escreve que "a aba de sua veste enchia o templo", e que "acima dele estavam serafins". Cada serafim tinha seis asas, como as criaturas que João descreve no livro de Apocalipse. Isaías diz que eles proclamavam uns aos outros: "Santo, santo, santo é o Senhor dos Exércitos, a terra inteira está cheia da sua glória". Em seguida, os fundamentos foram abalados e uma fumaça tomou conta da casa, o que se assemelha à descrição que João faz a respeito de raios e trovões.

O relato de Isaías é menos detalhado que o de João, mas o profeta fala mais sobre sua reação ao se encontrar na sala do trono de Deus. Suas palavras reverberam no rastro da descrição da sala cheia de fumaça e dos fundamentos abalados: "Ai de mim! Estou perdido! Pois sou um homem de lábios impuros e vivo no meio de um povo de lábios impuros; os meus olhos viram o Rei, o Senhor dos Exércitos!" Então, um dos serafins leva a Isaías uma brasa viva que estava queimando no altar. A criatura toca a boca do profeta com o carvão ardente e diz que a culpa de Isaías foi "removida".

Ambas as descrições servem ao mesmo propósito. A de João nos ajuda a imaginar como é a sala do trono de Deus, enquanto a de Isaías nos faz lembrar como deve ser nossa única reação diante de um Deus como esse.

Que o clamor de Isaías possa ser o nosso também. Ai de nós... somos um povo de lábios impuros!

Talvez você precise respirar fundo depois de refletir a respeito do Deus que criou as galáxias e as lagartas, aquele que está entronizado e que é eternamente louvado por seres tão fascinantes que, se fossem fotografados, seriam assunto dos principais programas jornalísticos durante semanas. Se você não ficou impressionado com o que acabou de ler, abra sua Bíblia em Isaías 6 e Apocalipse 4; leia os relatos em voz alta e bem devagar, fazendo o melhor que puder para imaginar o que os autores estão tentando descrever.

A maneira mais apropriada de terminar este capítulo é a mesma que usamos no começo: permanecendo em silêncio reverente diante de um Deus poderoso e temível, cuja tremenda glória se torna cada vez mais evidente conforme a comparamos com nossa insignificância.

CAPÍTULO 2

Talvez você não chegue ao fim deste capítulo

Você poderia morrer antes de terminar de ler este capítulo. Eu mesmo poderia morrer durante sua leitura. Ainda hoje. A qualquer momento.

É fácil pensar no dia de hoje como um dia qualquer; um dia comum, no qual você passa pela vida se preocupando apenas com sua lista de afazeres, ocupando-se com os compromissos agendados, concentrando-se apenas na família e pensando em seus desejos e suas necessidades.

Em um dia comum, vivemos em função de nós mesmos, não damos tanta atenção a Deus, esquecemos que a nossa vida é, na verdade, como um vapor.

Contudo, não há nada de normal no dia de hoje. Comece pensando em todas as coisas que precisam funcionar direitinho apenas para a sua sobrevivência. Por exemplo, seus rins. As únicas pessoas que realmente pensam a respeito dos rins são aquelas que enfrentam problemas renais. A maioria de nós não se preocupa muito com os rins, com o fígado, com os pulmões e outros órgãos internos dos quais dependemos para continuar a viver.

E que tal dirigir pela estrada a oitenta quilômetros por hora, passando a poucos metros ou centímetros de distância dos carros que trafegam em direção oposta e na mesma velocidade? Bastaria apenas um movimento errado de braço de um desses motoristas para matar você. Não acho que esse seja um pensamento mórbido, mas uma realidade.

É uma loucura pensar que o dia de hoje é um dia normal, no qual podemos fazer o que bem entendermos. Tiago escreve:

> Ouçam agora, vocês que dizem: "Hoje ou amanhã iremos para esta ou aquela cidade, passaremos um ano ali, faremos negócios e ganharemos dinheiro". Vocês nem sabem o que lhes acontecerá amanhã! Que é a sua vida? Vocês são como a neblina que aparece por um pouco de tempo e depois se dissipa.
>
> Tiago 4:13-14

Quando pensamos a respeito disso, ficamos meio constrangidos. No entanto, mesmo depois da leitura desses versos, você acredita mesmo que sua vida pode se dissipar a qualquer momento? Que pode morrer ainda hoje? Ou será que, em vez disso, você se sente uma pessoa invencível? Frederick Buechner escreveu:

> Intelectualmente, todos nós sabemos que vamos morrer, mas não temos, de fato, essa noção no sentido de que esse conhecimento se torne parte de nosso ser; não temos essa noção no sentido de viver como se a morte fosse uma realidade. Pelo contrário, nossa tendência é viver como se nossa vida fosse durar para sempre.[1]

---

[1] *The Hungering Dark*, Nova York: HarperOne, 1985, p. 72.

Estresse justificado?

Nunca tive nenhum problema de coração até dois anos atrás, quando comecei a sentir algumas palpitações. Com o tempo, elas se tornaram mais frequentes, e isso me preocupava.

Por fim, contei à minha esposa. No caso de alguma coisa acontecer comigo, não queria que fosse um choque total. Ela sugeriu que eu procurasse o médico, mas resisti porque sou teimoso e costumo agir assim.

Sabe, quando fui honesto comigo mesmo, descobri qual era meu problema: eu estava abalado por um forte estresse. Era época de Natal, e eu tinha de cuidar de um monte de coisas e me preocupar com elas.

Na véspera de Natal, o problema se intensificou de tal maneira que avisei a minha mulher que procuraria o pronto-socorro logo depois do culto. No entanto, durante o culto, coloquei todas as minhas preocupações e meu estresse diante de Deus. Os sintomas foram desaparecendo pouco a pouco, e nunca fui ao médico.

Eu costumava acreditar que, neste mundo, há dois tipos de pessoas: aquelas que, por natureza, se preocupam com tudo e aquelas que levam a vida na maior naturalidade e alegria. Eu não podia evitar: fazia parte do primeiro grupo. Sou aquele tipo de pessoa que resolve problemas, por isso tenho de me concentrar nas coisas que precisam de conserto. Deus sabe que essa minha intensidade e a ansiedade estão diretamente relacionadas com o trabalho ministerial. Eu me preocupo porque levo esse trabalho a sério.

Certo?

No entanto, é nesse momento que surge aquela ordem desconcertante: "Alegrem-se sempre no Senhor. Novamente direi:

Alegrem-se!" (Fp 4:4). Você vai perceber que ele não termina com: "... a não ser que estejam fazendo alguma coisa muito importante". Não. Trata-se de uma ordem para todos nós, e é seguida da orientação: "Não andem ansiosos por coisa alguma" (v. 6).

Aquilo me surgiu como uma revelação extraordinária, mas o que entendi depois foi ainda mais fantástico.

Quando me sinto consumido por meus problemas — estressado por causa de *minha* vida, de *minha* família e de *meu* trabalho —, na verdade estou carregando a crença de que as circunstâncias são mais importantes que a ordem de Deus de me alegrar sempre. Em outras palavras, passo a acreditar que tenho certo *direito* de desobedecer a Deus por causa da dimensão de minhas responsabilidades.

A preocupação significa que não confiamos tanto assim que Deus seja suficientemente grande, poderoso ou amoroso para cuidar do que está acontecendo em nossa vida.

O estresse denuncia que as coisas nas quais estamos envolvidos são tão importantes a ponto de merecer nossa impaciência, nossa falta de delicadeza em relação aos outros ou nossa incapacidade de manter o controle.

Basicamente, esses dois comportamentos demonstram que consideramos natural o pecado e a falta de confiança em Deus porque as coisas da vida são, de alguma forma, excepcionais. Tanto a preocupação quanto o estresse cheiram a arrogância. Eles denunciam nossa tendência de esquecer que fomos perdoados, que nossa vida aqui é muito breve, que estamos a caminho de um lugar onde nunca mais nos sentiremos sós, temerosos ou magoados, e que, no contexto da força de Deus, nossos problemas são pequenos, de fato.

Por que temos tanta facilidade para nos esquecer de Deus? Quem pensamos que somos?

Eu me vejo reaprendendo essa lição o tempo todo. Embora tenha um vislumbre da santidade de Deus, ainda sou tolo o suficiente para esquecer que a vida tem tudo a ver com Deus, e não comigo, de jeito nenhum.

Funciona mais ou menos assim...

Suponhamos que você seja figurante de um filme que está em fase de produção. É provável que fique procurando aquela cena única, na qual centenas de pessoas estão circulando como baratas tontas à espera da fração de segundo em que conseguem distinguir sua nuca. Talvez sua mãe e seus melhores amigos fiquem entusiasmados com aquela aparição tão rápida... *talvez*. No entanto, ninguém mais perceberá que é você quem está ali. Mesmo que fiquem sabendo, não se importarão com isso.

Vamos dar um passo adiante. E se você alugasse o cinema na noite de estreia e convidasse todos os seus amigos e sua família para ver o novo filme, dizendo que é sobre sua vida? As pessoas diriam: "Deixe de ser idiota! Por que você acha que esse filme é sobre sua vida?".

Muitos cristãos são ainda mais iludidos que a pessoa a quem acabo de descrever. Muitos de nós pensamos e vivemos como se fôssemos o tema do filme da vida.

Agora, pare e pense sobre o filme da vida...

Deus cria o mundo. (Você estava vivo na época? Será que *Deus* estava falando com você quando proclamou: "É bom!" diante das coisas que havia acabado de criar?)

Em seguida, as pessoas se rebelam contra *Deus* (o qual, se é que você ainda não se deu conta disso, é a personagem central do filme), e *Deus* inunda a terra para acabar com a bagunça que as pessoas promoveram no mundo.

Muitas gerações depois, *Deus* seleciona um homem de 99 anos de idade chamado Abrão e faz dele o pai de uma nação (você teve alguma coisa a ver com isso?).

Mais tarde, chegam José, Moisés e muitas outras pessoas comuns e inadequadas, sobre as quais o filme também não é. *Deus* é quem os escolhe e orienta, operando milagres por intermédio daquela gente.

Na cena seguinte, *Deus* envia juízes e profetas a sua nação porque as pessoas parecem incapazes de oferecer ao Senhor a única coisa que ele lhes pede (obediência).

Então, chega a hora do clímax: o Filho de *Deus* nasce entre o povo que *Deus* ainda ama. Durante sua passagem por este mundo, o Filho ensina a seus discípulos como deve ser o verdadeiro amor. Em seguida, o Filho de *Deus* morre, ressuscita e volta à presença de *Deus*.

Embora o filme ainda não tenha terminado, sabemos como será a última cena. É aquela que já descrevi no capítulo 1: a sala do trono de *Deus*. Nela, todos os seres adoram *Deus*, que está sentado no trono, pois só ele é digno de ser louvado.

Do início ao fim, o filme é obviamente a respeito de Deus. Ele é a principal personagem. *Como é possível que vivamos como se o enredo fosse a respeito de nossa vida?* Nossa cena no filme, nossa vida tão breve, está em algum lugar entre o momento em que Jesus ascende aos céus (livro de Atos) e a parte na qual todas as pessoas adorarão a Deus em seu trono celestial (Apocalipse).

Temos apenas nossa aparição em uma cena de uma fração de segundo para viver. Não sei o que você pensa sobre isso, mas pretendo que a minha fração de segundo tenha a ver com meu esforço para glorificar o nome de Deus. Em 1Coríntios 10:31, lemos: "Assim, quer vocês comam, bebam ou façam qualquer outra coisa, façam tudo para a glória de Deus". Nossa participação de uma fração de segundo no filme da vida tem tudo a ver com isso.

E então, o que isso significa para você?

Francamente, você precisa deixar de pensar só em si. Pode parecer um pouco duro, mas é justamente o que isso significa.

Talvez a vida seja muito boa para você neste momento. Deus lhe deu tantas coisas legais, de modo que você pode mostrar ao mundo como vive uma pessoa que aproveita as bênçãos recebida, mas que continua totalmente louca por Deus.

Ou, então, é possível que a vida esteja muito difícil neste momento, e parece que tudo é uma grande luta. O Senhor permitiu que coisas complicadas acontecessem em sua vida para lhe dar a oportunidade de mostrar ao mundo que o seu Deus é grande, e conhecê-lo proporciona paz e alegria, mesmo quando a vida é difícil. Como o salmista, que escreveu: "... vi a prosperidade desses ímpios [...] Certamente foi-me inútil manter puro o coração [...] Quando tentei entender tudo isso, achei muito difícil para mim, *até que entrei no santuário de Deus...*" (Sl 73:3,13,16-17, grifos do autor). É fácil se tornar uma pessoa desiludida diante das circunstâncias da vida, quando comparadas com as de outras pessoas. Na presença de Deus, porém, ele nos proporciona uma paz mais profunda e uma alegria mais intensa, que transcende todas essas coisas.

Para ser absolutamente sincero, não importa muito em que lugar você se encontra neste momento. Seu papel é o de glorificar o Senhor — seja comendo um sanduíche durante um intervalo no trabalho, tomando café ao meio-dia para não dormir durante os estudos ou assistindo ao cochilo de seu filho de quatro meses de idade.

O objetivo de sua vida é apontar para Deus. Seja qual for a sua atividade, Deus deseja ser glorificado nela, pois ele é o motivo de tudo isso. O filme é sobre ele, o mundo que ele criou, o dom que ele concedeu.

Graças a Deus, somos fracos

Portanto, embora *Deus* nos tenha concedido esta vida — essa cena fugaz em seu filme —, ainda esquecemos o fato de que não estamos no controle.

Fui lembrado da fragilidade da vida na época do nascimento de meu quarto filho, o único filho do sexo masculino. De repente, nossas garotinhas queriam levar o irmãozinho aonde fossem. Eu e minha esposa dizíamos a elas o tempo todo que tomassem cuidado porque ele era frágil. Comecei a me perguntar quando ele deixaria de ser frágil. Quando tivesse dois anos? Oito? Quando chegasse ao ensino médio? Quando começasse a cursar a faculdade? Quando casasse? Quando tivesse filhos também?

No fim das contas, a vida não é frágil o tempo todo? Ela nunca está sob nosso controle. Mesmo quando eu me sentava e abraçava meu filho, percebia que não tinha como determinar se ele amaria Deus ou não.

Em última análise, tenho pouco controle sobre minha vida e sobre o que pode vir a me acontecer. Não seria mais fácil, a essa altura, começar a viver de modo mais reservado, seguro e controlado? Não seria o momento de parar de assumir riscos e passar a viver em função do medo e das coisas que podem me acontecer?

Enclausurar-se é uma das possíveis reações, a outra é reconhecer nossa incapacidade de controlar a vida e buscar a ajuda de Deus.

"Se a vida fosse algo estável, eu jamais precisaria da ajuda de Deus. No entanto, como não é assim que a coisa funciona, o busco o tempo todo. Sou grato pelas coisas que desconheço e por outras sobre as quais não tenho controle, pois elas me fazem correr na direção de Deus."

Apenas a título de pôr em perspectiva a brevidade de nossa vida:

Ao longo do tempo, algo entre 45 bilhões e 125 bilhões de pessoas já viveram na terra.[2] Dentro de cerca de cinquenta anos (esse período pode variar em duas décadas para mais ou para menos), ninguém se lembrará de você. Todas as pessoas que conhece estarão mortas. Com certeza, ninguém se importará em saber qual foi a sua profissão, que carro você dirigia, que escola frequentou e que roupas vestiu. Isso pode ser tão assustador quanto motivador — ou mesmo uma mistura das duas coisas.

Você está preparado?
Como pastor, costumo ser chamado quando a vida "se dissipa" como a neblina. Um dos exemplos mais poderosos que testemunhei disso foi o de Stan Gerlach, um bem-sucedido homem de negócios bastante conhecido pela comunidade. Stan estava oficiando uma cerimônia fúnebre quando resolveu falar sobre o evangelho. Ao fim de sua mensagem, ele disse às pessoas que participavam do velório: "Você não tem como saber quando Deus levará sua vida. Quando esse momento chegar, não há nada que possa fazer a respeito. Você está preparado?". Um pouco depois, Stan sentou-se, seu corpo tombou e ele morreu. A esposa e os filhos tentaram reanimá-lo, mas não havia nada que pudessem fazer — exatamente como Stan havia falado alguns minutos antes.

Nunca me esquecerei do telefonema que recebi. Saí correndo para a residência da família Gerlach. A esposa de Stan, Suzy, estava chegando em casa. Ela me abraçou e chorou. Um de seus filhos, John, saiu do carro em prantos. Ele me perguntou: "O senhor soube o que aconteceu? Ouviu a história? Eu me sinto tão

---

[2] Wikipedia, consulta por "world population" ("população mundial"), <*http://en.wikipedia.org/wiki/World_population*>.

orgulhoso dele. Meu pai morreu fazendo o que ele mais gostava de fazer. Ele estava falando sobre Jesus às pessoas".

Pediram-me que falasse alguma coisa às pessoas que estavam ali reunidas. Havia filhos, netos, vizinhos e amigos. Abri minha Bíblia em Mateus 10:32-33: "Quem, pois, me confessar diante dos homens, eu também o confessarei diante do meu Pai que está nos céus. Mas aquele que me negar diante dos homens, eu também o negarei diante do meu Pai que está nos céus".

Pedi a todos que imaginassem como deveria ter sido aquela experiência para Stan. Em determinado momento, ele está participando de um culto fúnebre, dizendo às pessoas reunidas: "Esse é Jesus!". No instante seguinte, ele está diante de Deus, ouvindo Jesus dizer: "Esse é Stan Gerlach!". Um segundo antes, ele estava confessando Jesus; agora, é Jesus que o confessa!

Acontece assim mesmo, bem rápido. Isso pode acontecer com qualquer um de nós. Nas palavras de Stan Gerlach: "Você está preparado?".

⇵

Brooke Bronkowski era uma linda adolescente de catorze anos apaixonada por Jesus. Quando estava no fim do ensino fundamental, começou um grupo de estudo bíblico na escola. Ela investia o dinheiro que ganhava, tomando conta de crianças, em Bíblias que dava de presente aos amigos que ainda não conheciam Jesus. Pastores de jovens que tomavam conhecimento disso levavam caixas de Bíblias para que ela pudesse distribuir.

Quando estava na faixa dos doze anos, Brooke escreveu o texto a seguir; ele dá uma ideia do tipo de menina que ela era.

"Como tenho a vida inteira pela frente"
Brooke Bronkowski

Vou viver da melhor maneira possível. Serei feliz. Vou brilhar. Serei mais feliz do que nunca. Serei gentil com as pessoas. Vou relaxar mais. Vou falar de Jesus às pessoas. Vou me aventurar mais e mudar o mundo. Serei corajosa e não vou mudar quem realmente sou. Não vou me meter em confusões; em vez disso, vou ajudar os outros a resolver seus problemas.

Sabe, serei uma daquelas pessoas que vivem para fazer história ainda na juventude. Ah, eu terei momentos bons e maus na vida, mas enxugarei as lágrimas das coisas ruins e só me lembrarei das boas. Na verdade, é só disso que me lembro: dos bons momentos, nada entre eles, apenas vivendo a minha vida da melhor maneira possível. Serei uma daquelas pessoas que seguem em direção a um destino qualquer com uma missão, um plano extraordinário, capaz de transformar o mundo, e nada me impedirá. Serei um exemplo para as pessoas e vou orar para que Deus me oriente.

Tenho minha vida inteira pela frente. Vou oferecer aos outros a alegria que tenho, e Deus me dará alegrias ainda maiores. Verei tudo o que Deus mandar. Seguirei os passos de Deus. Farei o melhor que puder!

Durante seu primeiro ano no ensino médio, Brooke estava em um carro a caminho do cinema quando sofreu um acidente. Sua vida na terra acabou quando tinha apenas catorze anos, mas não a influência que ela exerceu. Aproximadamente 1,5 mil pessoas compareceram ao culto fúnebre de Brooke. Várias pessoas da escola pública onde ela estudava leram poemas que a jovem escrevera falando de seu amor por Deus. Todos falaram sobre o exemplo e a alegria que ela transmitia.

Falei do evangelho e convidei as pessoas que desejavam conhecer Jesus a ir à frente e entregar a vida ao Salvador. Pelo menos duzentos estudantes se ajoelharam em frente à igreja, orando por salvação. Os obreiros entregaram uma Bíblia a cada um deles. Havia Bíblias que Brooke tinha guardado em sua garagem, na esperança de entregá-las a todos os seus amigos não salvos. Em um dia, Brooke levou mais pessoas ao Senhor que a maioria das pessoas jamais conseguira.

Em seus breves catorze anos de vida na terra, Brooke foi fiel a Cristo. Sua vida tão curta não foi em vão. As palavras de seu texto pareciam proféticas: "Sabe, serei uma daquelas pessoas que vivem para fazer história ainda na juventude".

Todo mundo já ficou chocado ao testemunhar ou receber a notícia de alguma pessoa conhecida que partiu desta vida. Até mesmo enquanto você lê este livro, é provável que alguns rostos e nomes lhe venham à lembrança. É bom pensar sobre essas pessoas em sua vida, assim como é bom pensar na morte. Como escreveu o autor de Eclesiastes: "É melhor ir a uma casa onde há luto do que a uma casa em festa, pois a morte é o destino de todos; os vivos devem levar isso a sério!" (7:2). Histórias de pessoas que morreram depois de viver segundo a vontade de Deus são histórias com final feliz.

Infelizmente, muitas pessoas morrem depois de viver de maneira egoísta. O funeral delas é repleto de gente que distorce a verdade para criar algo que pareça minimamente com uma vida significativa. Ninguém ousa proferir uma ofensa sequer naquela cerimônia; há uma obrigação tácita de inventar uma frase bonita a respeito da pessoa que morreu. Às vezes, porém, pensamos a mesma coisa em segredo: "Na verdade, ele não era uma pessoa tão boa assim".

A verdade é que algumas pessoas desperdiçam a vida. Não se trata de uma crítica àqueles que se foram, mas de um alerta aos que ainda estão vivos.

Posso garantir, com convicção, que o seu funeral será muito bonito. Todos são. O fato é que, a essa altura, você não se importará mais com isso. A.W. Tozer disse certa vez: "Por causa de seu pecado, uma pessoa pode desperdiçar a vida, o que significa desperdiçar aquilo que temos de mais parecido com Deus na terra. Essa é a maior tragédia humana e a mais profunda tristeza divina".

Quando estivermos face a face com o Deus santo, não é com a beleza do funeral que estaremos preocupados, e com certeza não será sobre isso que ele estará pensando. Quaisquer elogios que você recebeu na terra terão desaparecido; tudo quanto restará será a verdade. A igreja de Sardes tinha uma ótima reputação, mas isso não fez diferença. Jesus disse a ela: "Conheço as suas obras; você tem fama de estar vivo, mas está morto" (Ap 3:1). Tudo o que importa é a realidade do que somos diante de Deus.

> ... sua obra será mostrada, porque o Dia a trará à luz; pois será revelada pelo fogo, que provará a qualidade da obra de cada um. Se o que alguém construiu permanecer, esse receberá recompensa. Se o que alguém construiu se queimar, esse sofrerá prejuízo; contudo, será salvo como alguém que escapa através do fogo.
>
> 1Coríntios 3:13-15

Talvez pareça um pouco duro, mas as palavras duras geralmente caminham de mãos dadas com a verdade amorosa.

É fácil ouvir uma história como a de Brooke e seguir em frente com a vida, sem parar e reconhecer que aquela vida interrompida de um momento para o outro poderia ser a sua, a de minha esposa ou a de seu irmão. Você pode ser a próxima pessoa a morrer em sua família. Pode ser que eu seja a próxima pessoa a morrer em minha igreja.

Temos de nos *dar conta* disso. Precisamos acreditar nisso o suficiente para mudar nosso jeito de viver.

Um amigo meu tem uma visão particularmente sábia a respeito dessa questão. Certa vez, perguntaram a ele se não estava dedicando tempo demais a servir os outros e doando além do necessário. A resposta dele foi gentil, mas sincera: "Fico pensando se você diria isso depois de nossa morte".

Amigos, precisamos parar de viver de maneira egoísta, sem nos lembrar de nosso Deus. Nossa vida é curta, a morte costuma chegar quando ninguém espera, e todos nós, que estamos vivos, somos lembrados disso de vez em quando. É por essa razão que escrevi este capítulo: para nos ajudar a lembrar que, no filme da vida, nada mais importa além de nosso Rei e Deus.

Não se permita esquecer essa realidade. Faça que ela lhe penetre a mente e continue a se lembrar de que é uma verdade. Ele é tudo.

CAPÍTULO 3

Louco amor

Quando eu era criança, ensinaram-me a canção *Jesus me ama*: "Jesus me ama/Eu sei disso sim...". Mesmo que você não tenha sido criado em uma igreja, é provável que saiba como essa música termina: "... porque a Bíblia diz assim".

Quem passou pelo menos algum tempo em uma igreja certamente ouviu falar desse conceito, expressado de um jeito ou de outro: Deus nos ama. Durante anos, eu acreditei nisso pelo motivo citado na canção: "... porque a Bíblia diz assim". O único problema era o seguinte: tratava-se de um conceito que aprendi, e não de alguma coisa que eu soubesse implicitamente ser verdade. Por muitos anos, procurei me convencer mentalmente do amor do Senhor. Tinha uma resposta apropriada para a pergunta "como é Deus?"; no fundo do coração, porém, não conseguia entender que amor era aquele.

Não acho que eu era a única pessoa que não entendia direito o amor do Senhor. A maioria de nós, em maior ou menor grau, encontra certa dificuldade para entender, acreditar ou aceitar o amor absoluto e ilimitado de Deus por nós. As razões por que não recebemos, não vemos o amor divino ou não confiamos nele variam de uma pessoa para outra, mas todos nós perdemos com isso.

Para mim, tinha um bocado a ver com meu relacionamento com meu pai.

Meu pai e meu PAI

A ideia de ser desejado por um pai era estranha para mim. Durante o período em que cresci, eu me sentia como se o meu pai não me quisesse. Minha mãe morreu durante o meu parto, por isso é possível que ele me visse como a causa da morte dela. Não tenho certeza disso.

Nunca tive uma conversa muito significativa com meu pai. Na verdade, o único sinal de afeição do qual consigo me lembrar ocorreu quando eu tinha nove anos: ele me envolveu nos braços por aproximadamente noventa segundos enquanto estávamos a caminho do funeral de minha madrasta. Além disso, o único toque físico que eu sentia eram as surras que recebia quando desobedecia a meu pai ou o aborrecia.

Meu único objetivo em nosso relacionamento era não irritá-lo. Eu chegava a ficar caminhando em volta da casa só para não aborrecê-lo.

Ele morreu quando eu tinha doze anos. Chorei, mas, ao mesmo tempo, senti certo alívio.

O impacto desse relacionamento afetou minha vida durante anos, e acho que muitas daquelas emoções foram transferidas para o meu relacionamento com Deus. Por exemplo, eu fazia o possível para não irritar Deus com meu pecado, ou aborrecê-lo com meus probleminhas. Não tinha nenhuma aspiração a ser desejado por Deus; só o fato de ele não me odiar ou magoar era suficiente para me deixar satisfeito.

Não me entenda mal. Nem tudo o que diz respeito a meu pai era ruim. Eu realmente agradeço a Deus pela vida dele, pois me ensinou princípios como disciplina, respeito, temor e obediência.

Também acredito que ele me amava. Mas não posso minimizar o efeito negativo que meu relacionamento com ele exerceu por vários anos sobre minha visão de Deus.

Felizmente, meu relacionamento com Deus passou por uma grande mudança quando eu mesmo me tornei pai. Depois do nascimento de minha filha mais velha, comecei a ver como estava errado meu raciocínio em relação a Deus. Pela primeira vez, senti um gostinho do que acredito ser o sentimento de Deus por nós. Pensava em minha filha com frequência. Orava por ela enquanto dormia à noite. Mostrava o retrato dela a qualquer pessoa que quisesse ver. Queria dar o mundo inteiro para ela.

Às vezes, quando volto do trabalho para casa, minha garotinha me recebe correndo pela calçada e pulando em meus braços antes mesmo que eu saia do carro. Como você pode imaginar, voltar para casa se tornou um de meus momentos favoritos do dia.

Meu amor e o desejo pelo amor de meus filhos é tão forte que fez os meus olhos se abrirem para enxergar quanto Deus nos deseja e ama. A maneira de minha filha expressar seu amor por mim e o desejo que ela demonstra de estar comigo é o que há de mais extraordinário. Nada se compara à sensação de ser desejado de modo tão verdadeiro e intenso por nossos filhos.

Por causa dessa experiência, consegui entender que meu amor por meus filhos não é nada além de um débil reflexo do grande amor de Deus por mim e por todas as pessoas que ele criou. Sou apenas um pai terreno e pecador, e amo tanto meus filhos que chega a doer. Como eu seria capaz de não confiar em um Pai celestial e perfeito, que me ama infinitamente mais do que jamais conseguirei amar os meus filhos? "Se vocês, apesar de serem maus, sabem dar boas coisas aos seus filhos, quanto mais o Pai de vocês, que está nos céus, dará coisas boas aos que lhe pedirem!" (Mt 7:11).

Deus é mais digno de confiança que qualquer outra pessoa, ainda que eu tenha questionado seu amor e duvidado de seu cuidado e de sua provisão para minha vida durante muito tempo.

Amor e medo
Se eu pudesse escolher uma palavra para descrever meus sentimentos em relação a Deus naqueles primeiros anos como cristão, seria "medo". Basicamente, era muito fácil me identificar com todos os versículos bíblicos que descrevem a grandeza indescritível ou a ira divina, pois eu tinha medo de meu próprio pai. Eu me via em passagens bíblicas como esta:

> Ele se assenta no seu trono, acima da cúpula da terra, cujos habitantes são pequenos como gafanhotos. Ele estende os céus como um forro, e os arma como uma tenda para neles habitar. Ele aniquila os príncipes e reduz a nada os juízes deste mundo. Mal eles são plantados ou semeados, mal lançam raízes na terra, Deus sopra sobre eles, e eles murcham; um redemoinho os leva como palha.
>
> Isaías 40:22-24

A maioria dos cristãos aprendeu na igreja ou com os pais que deve separar um tempo do dia para oração e leitura da Palavra de Deus. É assim que, em tese, devemos proceder, e foi isso que tentei bravamente fazer por um bocado de tempo. Quando não conseguia, me sentia culpado.

Com o tempo, percebi que, quando amamos Deus, nós o buscamos natural, frequente e zelosamente. Jesus não ordenou que passássemos um período diário com ele. Em vez disso, nos orientou: "Ame o Senhor, o seu Deus de todo o seu coração, de toda a sua alma e de todo o seu entendimento". Ele classifica essa ordem como "o primeiro e maior mandamento" (Mt 22:37-38). Os resultados são a oração e o estudo de sua Palavra. Nossa motivação muda, passando da culpa para o amor.

É essa a reação que Deus espera de nós diante de seu amor extraordinário e sem fim: não com um "período de silêncio" superficial contaminado pela culpa, mas com amor verdadeiro, expressado em nossa vida — da mesma maneira como a minha filha corre pela calçada para me abraçar toda noite, pois ela me ama.

"Medo" não é mais a palavra que uso para descrever como me sinto em relação a Deus. Agora uso termos como "intimidade reverente". Ainda temo o Senhor e oro para que nunca deixe de temê-lo. A Bíblia enfatiza a importância do temor a Deus. Como vimos no capítulo 1, falta a nossa cultura o temor a Deus, e muitas pessoas sofrem de amnésia. No entanto, por bastante tempo, me concentrei tanto nesse temor a ponto de preterir o grande e abundante amor do Pai celestial.

Desejado

Há algum tempo, por conta de um desejo de desenvolver meu amor a Deus, resolvi passar alguns dias a sós na floresta.

Antes de sair de casa, um amigo orou: "Deus, sei quanto o senhor desejou passar esses momentos com Francis...". Embora eu não tivesse dito nada na ocasião, julgava se tratar de uma maneira herege de orar, e que meu amigo estava errado ao se dirigir a Deus daquela maneira. Eu estava partindo para a floresta porque queria mais de Deus. Acontece que ele é *Deus*. Com certeza, não iria querer nada mais de mim! Parecia uma ofensa achar que Deus estivesse ansioso pela oportunidade de estar com um ser humano.

Contudo, quanto mais buscava nas Escrituras, mais eu me convencia de que a oração de meu amigo estava correta e que minha reação a sua oração indicava como eu ainda tinha dúvidas sobre o amor de Deus. Minha crença no amor de Deus ainda era teórica, e não uma realidade que eu estivesse sentindo ou pondo em prática.

Acabei passando quatro dias na floresta sem falar com nenhum outro ser humano. Não tinha nenhum plano ou agenda; tudo o que fiz foi abrir minha Bíblia ao acaso. Não acho que tenha sido coincidência o fato de, no primeiro dia, abrir em Jeremias 1.

Depois de fazer a leitura, meditei a respeito daquela passagem das Escrituras pelos quatro dias seguintes. Ela falava do conhecimento profundo que Deus tem de mim. Eu sempre reconhecera a soberania completa do Senhor sobre a minha vida, mas os versículos 4 e 5 levaram esse conceito a um nível mais elevado: "A palavra do Senhor veio a mim, dizendo: 'Antes de formá-lo no ventre eu o escolhi; antes de você nascer, eu o separei e o designei profeta às nações'".

Em outras palavras, Deus me conhecia antes mesmo de me haver criado.

Por favor, não passe superficialmente sobre essa verdade só porque já teve a oportunidade de ouvi-la antes. Reserve um tempo para pensar mesmo sobre ela. Vou repetir: *Deus conhecia você e eu antes de existirmos.*

Quando assimilei esse conceito pela primeira vez, todos os meus outros relacionamentos pareceram banais em termos de comparação. Deus está comigo desde o começo — na verdade, desde *antes* do começo.

Meu raciocínio seguinte, sozinho na floresta, foi o seguinte: Deus determinou o que Jeremias seria antes mesmo que o profeta nascesse. Cheguei a questionar se aquilo também valia para mim. Talvez as coisas que eu estava lendo se aplicassem apenas à vida de Jeremias.

Foi então que me lembrei de Efésios 2:10, que nos diz que fomos criados "para fazermos boas obras, as quais Deus preparou antes para nós as praticarmos". Esse versículo foi escrito para mim e para todos quantos foram "salvos pela graça, por meio da fé". Minha existência não é um acaso nem um acidente. Deus sabia quem estava criando, e me gerou para um trabalho específico.

As palavras seguintes de Deus dirigidas a Jeremias me deram a certeza de que eu precisava para não ter medo de errar:

> Mas eu disse: Ah, Soberano SENHOR! Eu não sei falar, pois ainda sou muito jovem. O SENHOR, porém, me disse: "Não diga que é muito jovem. A todos a quem eu o enviar, você irá e dirá tudo o que eu lhe ordenar. Não tenha medo deles, pois eu estou com você para protegê-lo", diz o SENHOR. O SENHOR estendeu a mão, tocou a minha boca e disse-me: "Agora ponho em sua boca as minhas palavras. Veja! Eu hoje dou a você autoridade sobre nações e reinos, para arrancar, despedaçar, arruinar e destruir; para edificar e plantar".
>
> Jeremias 1:6-10

Quando Jeremias verbaliza sua hesitação e seu medo, Deus — o Deus das galáxias — o alcança e toca a boca do profeta. Trata-se de um gesto de carinho e afeição, algo que um pai ou uma mãe faria com amor. Graças a essa ilustração, percebi que não tenho de me preocupar em não cumprir as expectativas do Senhor. Ele garantirá o meu sucesso de acordo com o plano que tem para mim, e não com os meus.

Esse é o Deus a quem servimos, o Deus que nos conhecia antes de nos criar. O Deus que promete permanecer conosco e nos resgatar. O Deus que nos ama e deseja que retribuamos com o mesmo amor.

Sendo assim, *por que* será que, quando ofendemos a Deus e nos revelamos incapazes de amar e ser amados, ele insiste em nos amar?

Durante a minha infância, fazer alguma coisa errada era garantia de castigo, e não de amor. Admitamos isso ou não, cada um de nós já ofendeu o Senhor em algum momento da vida. Jesus afirmou isso quando disse: "Não há ninguém que seja bom, a não ser somente Deus" (Lc 18:19).

Por que Deus continua nos amando, apesar do que somos? Não tenho uma resposta a essa pergunta, mas sei que, se a misericórdia de Deus não existisse, não haveria esperança. Não importa quão bons tentássemos ser, seríamos castigados por causa de nossos pecados.

Muita gente olha para a própria vida e pesa seus pecados comparando-os com seus feitos positivos. Mas Isaías 64:6 afirma: "Todos os nossos atos de justiça são como trapo imundo". Nossas boas obras nunca são suficientes para limpar nossos pecados.

A interpretação literal de "trapo imundo" nesse versículo é "pano menstrual" (pense em absorventes femininos usados... e se você achar a ideia nojenta, significa que Isaías chegou aonde queria). É difícil imaginar alguma coisa mais nojenta da qual pudéssemos nos gabar ou mostrar para todo mundo. Contudo, em comparação com a santidade perfeita de Deus, é com isso que nossas boas obras se parecem.

A misericórdia divina é *dom gratuito*, embora tenha um custo. Ela não pode ser conquistada. Nossos atos de justiça, assim como panos menstruais, certamente são incapazes de nos ajudar a merecer essa misericórdia. O salário do pecado sempre será a morte, mas por conta da misericórdia de Deus, esse pecado é pago por meio da morte de Jesus Cristo, em vez da minha ou da sua morte.

Uma estranha herança

O próprio fato de sermos amados por um Deus santo, eterno, onisciente, todo-poderoso, misericordioso e justo é, para dizer o mínimo, extraordinário.

A parte mais inusitada é que Jesus não *precisa* nos amar. Seu ser é completo e perfeito, distinto da humanidade. Ele não precisa de mim ou de você. Ainda assim, Jesus nos quer; ele nos escolhe e até nos considera sua herança (Ef 1:18). O maior conhecimento que podemos adquirir é saber que somos o tesouro de Deus.

Trata-se de algo impressionante e que vai além de qualquer descrição. O santo Criador vê você como sua "gloriosa herança".

A ironia é que, enquanto Deus nos quer, mesmo não precisando de nós, precisamos desesperadamente de Deus, mas a maior parte do tempo, não o queremos de fato. Ele nos valoriza e antecipa nossa partida da terra para que estejamos com ele, ao passo que nós, com indiferença, nos perguntamos o que devemos fazer para ele ficar satisfeito e deixar de nos incomodar.

Tenho escolha?

Há algum tempo, enquanto eu falava a alguns universitários, surgiu uma interessante questão sobre o contraste entre nossa indiferença em relação a Deus e o grande desejo divino por nós. Um aluno perguntou: "Por que um Deus amoroso me obriga a amá-lo?".

Parecia uma pergunta bem esquisita. Quando pedi ao universitário que esclarecesse o que ele queria dizer, sua resposta foi: "Deus me ameaça com inferno e castigo se eu não iniciar um relacionamento com ele".

A réplica mais fácil a essa declaração é que Deus não nos obriga a amá-lo; trata-se de uma escolha nossa. Mas havia uma questão mais profunda no ar, e eu não tinha certeza de como responder naquele momento.

Agora que já tive tempo de pensar a respeito, eu diria àquele estudante que, se Deus é *mesmo* o maior bem da terra, será que nos amaria de fato se não nos conduzisse ao que há de melhor para nós (mesmo que fosse ele mesmo esse melhor)? Essa atração, essa sedução, essa indução, esse chamado ou mesmo essa suposta "ameaça" — não seriam todas essas coisas demonstrações de seu amor? Será que, se ele não fizesse tudo isso, não o acusaríamos de, no fim das contas, não ter amor por nós?

Se alguém perguntasse a você qual é o maior bem da terra, qual seria a sua resposta? Pegar uma onda sensacional no surfe? Segurança financeira? Saúde perfeita? Amizades relevantes e confiáveis? Intimidade com seu cônjuge? Sentir-se bem no lugar em que vive?

O maior bem da terra é Deus. E ponto final. O objetivo de Deus para nossa vida é ele mesmo.

A boa notícia — a melhor notícia do mundo, na verdade — é que você pode ter esse Deus. Acredita que ele constitui a maior experiência que se pode ter neste mundo? Acredita que as boas-novas não se limitam ao perdão de nossos pecados, à garantia de que você não vai para o inferno ou à promessa de vida no céu?

As melhores coisas da vida são dádivas concedidas por aquele que nos ama sem cessar. Mas aqui está uma pergunta importante que devemos nos fazer: será que amamos mesmo o Senhor, ou apenas as coisas que ele nos dá?

Imagine que coisa terrível seria ouvir de um filho: "Eu não amo você de verdade nem quero o seu amor, mas não dispenso minha mesada, faça o favor". No sentido inverso, que lindo presente é quando uma pessoa que amamos nos olha nos olhos e diz: "Eu amo você. Não a sua beleza, o seu dinheiro, a sua família ou o seu carro. Só *você*".

E aí? Pode dizer isso a Deus?

Nosso amor por ele é sempre resultado de seu amor por nós. Você ama esse Deus que é tudo, ou ama tudo o que ele lhe concede? Sabe e acredita de fato que Deus ama você, de maneira individual, pessoal e íntima? Consegue vê-lo e conhecê-lo como o Aba, o Pai?

Volte a assistir aos vídeos acessando o *site <www.mundocristao.com.br/loucoamor>*. Isso vai lhe ajudar a lembrar quem você é e de como o amor de Deus é uma coisa louca e imerecida.

CAPÍTULO 4

Perfil do cristão morno

> *Não é a dúvida científica, o ateísmo, o panteísmo ou o agnosticismo que, em nossos dias e na terra, têm mais chance de extinguir a luz do evangelho. É essa prosperidade orgulhosa, sensual, do egoísta e arrogante, de gente que vai à igreja, mas tem o coração vazio.*[1]

Então há um Deus imensurável, perfeito e eterno que ama os seres frágeis que criou com um louco tipo de amor. Embora possamos morrer a qualquer momento e geralmente pensemos que nossa vida insignificante seja melhor do que amar ao Senhor, ele persiste em nos amar com um amor extraordinário e infindável.

A única maneira que conheço de responder é como o homem de uma das parábolas que Cristo contou: "O reino dos céus é como um tesouro escondido num campo. Certo homem, tendo-o encontrado, escondeu-o de novo e, então, cheio de alegria, foi, vendeu tudo o que tinha e comprou aquele campo" (Mt 13:44).

Nesse relato, o homem vendeu tudo o que tinha com muita alegria para que pudesse obter a única coisa que importava a ele.

---

[1] Frederic D. Huntington, revista *Forum*, 1890.

Ele tinha noção de que aquilo em que havia tropeçado — o reino dos céus — era mais valioso que qualquer uma de suas posses, por isso perseguiu aquele objetivo com todo o seu ser.

Esse tipo de resposta entusiasmada ao amor de Deus é absolutamente apropriado. Ao mesmo tempo, contrasta com nossa reação típica ante a descoberta do mesmo tesouro!

Os números nos impressionam. Avaliamos o sucesso de um evento em função do número de pessoas que comparece ou que vem à frente. Medimos as igrejas pelo número de membros que ostentam. Ficamos empolgados quando vemos grandes multidões.

Jesus questionou a autenticidade desse tipo de avaliação. De acordo com o relato de Lucas 8, quando uma multidão começou a segui-lo, ele começou a falar em parábolas, para que aqueles que não o estavam ouvindo com sinceridade de coração não conseguissem entender o que ele dizia.

Quando as multidões se reúnem hoje em dia, os oradores se esmeram em se comunicar de uma maneira acessível a todas as pessoas. Eles não usam a estratégia de Jesus para eliminar as pessoas que não buscam a Deus com sinceridade.

O fato é que Jesus não estava interessado em quem estivesse fingindo.

Na parábola do semeador, Jesus explicou que a semente é a verdade (a Palavra de Deus). Quando a semente é lançada à beira do caminho, é ouvida, mas logo roubada. Quando ela cai entre as pedras, as raízes não se fixam; a profundidade e o crescimento são apenas aparentes por causa do solo fértil, mas não passa da superfície. Quando a semente é espalhada entre os espinhos, é recebida, mas logo sufocada pelas preocupações, pelos atrativos e pelos prazeres da vida. Mas, quando a semente é plantada em solo fértil, ela cresce, finca raízes e produz frutos.

Meu alerta a você é este: *não tenha tanta certeza de que seu coração é solo fértil.*

Acredito que a maioria das pessoas que frequenta as igrejas faz parte do solo que sufoca a semente por causa de todos os espinhos. Um espinho é qualquer coisa que desvia nossa atenção de Deus. Quando queremos o Senhor e um monte de outras coisas, isso quer dizer que há espinhos em nosso solo. Um relacionamento com Deus simplesmente não pode se desenvolver quando o dinheiro, o pecado, as atividades, os times pelos quais torcemos, os vícios ou outros compromissos são colocados no topo da lista.

A maioria das pessoas tem muita coisa na vida. Como escreveu David Goetz: "muitas das boas coisas da vida acabam sendo tóxicas, provocando uma deformação espiritual em nós".[2] Há muitas coisas boas em si, mas, quando estão todas juntas, nos impedem de viver de modo saudável e frutífero para Deus.

Vou repetir: *não tenha tanta certeza de que seu coração é solo fértil.*

Será que o seu relacionamento com Deus mudou mesmo sua maneira de viver? Você consegue distinguir evidências do reino de Deus em sua vida? Ou está sufocando esse reino aos poucos, ao desperdiçar muito tempo, energia, dinheiro e pensamentos em coisas deste mundo?

Você está satisfeito em ser uma pessoa "suficientemente boa" para chegar ao céu ou parecer boa em comparação às outras? Ou pode dizer, como Paulo: "Quero conhecer Cristo, o poder da sua ressurreição e a participação em seus sofrimentos, tornando-me como ele em sua morte..." (Fp 3:10)?

Durante muito tempo, em minha opinião, esse versículo teve Jesus demais. Eu achava que o texto deveria terminar logo

---

[2] *Death by Suburb*, New York: HarperOne, 2007, p. 9.

depois da palavra "ressurreição", de modo que pudesse dispor de um Jesus popular, com forte apelo, que não sofreu. O retorno que recebi de outros cristãos me dava a certeza de que aquela era uma perspectiva interessante, e isso me dava poucos motivos para fazer esforço no sentido de conhecer Cristo com mais profundidade. As pessoas diziam que eu era suficientemente bom. Bastava.

Aquilo, porém ia contra tudo o que eu estava lendo na Bíblia: por isso, com o tempo, passei a rejeitar o que a maioria das pessoas dizia e comecei a comparar todos os aspectos de minha vida com as Escrituras. Logo descobri que a igreja é um lugar difícil para se sentir à vontade quando uma pessoa deseja colocar o cristianismo do Novo Testamento em prática. Os objetivos desse cristianismo costumam ser um bom casamento, filhos muito comportados e uma boa frequência na igreja. Levar as palavras de Cristo a sério é coisa rara. Isso é para os "radicais" que estão "fora de sintonia" e "passam dos limites". A maioria de nós deseja uma vida segura, equilibrada para que possa ser controlada e que não envolva sofrimento.

Você se descreveria como uma pessoa totalmente apaixonada por Jesus Cristo? Ou será que as palavras "descomprometido" e "morno" e a expressão "parcialmente comprometido" são mais adequadas para qualificar sua vida espiritual?

A Bíblia nos orienta a examinarmos a nós mesmos; por essa razão, nas páginas seguintes, oferecerei a você uma descrição de como são as pessoas descomprometidas, distraídas, parcialmente comprometidas e mornas. Conforme lê esses exemplos, minha sugestão é que você olhe sua vida de maneira honesta e diligente. Não estou falando do que você deseja ser um dia, mas de quem é agora e como vive atualmente.

Pessoas mornas frequentam a igreja com regularidade. É isso que se espera delas, pois é o que se acredita ser o comportamento dos "bons cristãos". Por isso, vão sempre aos cultos.

> O Senhor diz: "Esse povo se aproxima de mim com a boca e me honra com os lábios, mas o seu coração está longe de mim. A adoração que me prestam é feita só de regras ensinadas por homens".
> Isaías 29:13

Pessoas mornas entregam dinheiro para instituições de caridade e para a igreja... desde que isso não altere em nada seu padrão de vida. Quando dispõem de algum dinheiro a mais e é fácil e seguro doar, elas o fazem. Afinal de contas, Deus ama aquele que dá com alegria, correto?

> O rei Davi, porém, respondeu a Araúna: "Não! Faço questão de pagar o preço justo. Não darei ao SENHOR aquilo que pertence a você, nem oferecerei um holocausto que não me custe nada".
> 1Crônicas 21:24

> Jesus olhou e viu os ricos colocando suas contribuições nas caixas de ofertas. Viu também uma viúva pobre colocar duas pequeninas moedas de cobre. E disse: "Afirmo-lhes que esta viúva pobre colocou mais do que todos os outros. Todos esses deram do que lhes sobrava; mas ela, da sua pobreza, deu tudo o que possuía para viver".
> Lucas 21:1-4

Pessoas mornas tendem a escolher o que é popular e desprezar o que é certo quando estão em conflito. Elas desejam viver bem tanto dentro quanto fora da igreja; se preocupam mais com o que o povo pensa sobre o que elas fazem (como ir à igreja e entregar o dízimo) do que com o que Deus pensa de seu coração e sua vida.

> Ai de vocês, quando todos falarem bem de vocês, pois assim os antepassados deles trataram os falsos profetas.
>
> Lucas 6:26

> Conheço as suas obras; você tem fama de estar vivo, mas está morto.
>
> Apocalipse 3:1

> Tudo o que fazem é para serem vistos pelos homens. Eles fazem seus filactérios bem largos e as franjas de suas vestes bem longas; gostam do lugar de honra nos banquetes e dos assentos mais importantes nas sinagogas, de serem saudados nas praças e de serem chamados "rabis".
>
> Mateus 23:5-7

Pessoas mornas não desejam de fato ser salvas de seu pecado; elas só querem ser salvas do castigo que esse pecado gera. Elas não detestam o pecado de maneira sincera nem se lamentam pelo que cometem. Só lamentam pelo fato de que Deus vai puni-las. Gente morna não acredita muito que essa nova vida que Jesus oferece é melhor que a antiga e pecaminosa.

> Eu vim para que tenham vida, e a tenham plenamente.
>
> João 10:10

> Que diremos então? Continuaremos pecando para que a graça aumente? De maneira nenhuma! Nós, os que morremos para o pecado, como podemos continuar vivendo nele?
>
> Romanos 6:1-2

Pessoas mornas são movidas por histórias de gente que faz coisas radicais por Cristo, mas elas mesmas não agem. Presumem que esse tipo de iniciativa é coisa de cristãos "radicais", e não para a média das pessoas. Gente morna considera "radical" aquilo que Jesus espera de todos os seus seguidores.

> Sejam praticantes da palavra, e não apenas ouvintes, enganando-se a si mesmos.
>
> Tiago 1:22

> Quem sabe que deve fazer o bem e não o faz, comete pecado.
>
> Tiago 4:17

> O que acham? Havia um homem que tinha dois filhos. Chegando ao primeiro, disse: "Filho, vá trabalhar hoje na vinha". E este respondeu: "Não quero!" Mas depois mudou de ideia e foi. O pai chegou ao outro filho e disse a mesma coisa. Ele respondeu: "Sim, senhor!" Mas não foi. Qual dos dois fez a vontade do pai? "O primeiro", responderam eles.
>
> Mateus 21:28-31

Pessoas mornas raramente compartilham sua fé com os vizinhos, colegas de trabalho ou amigos. Não querem sofrer rejeição nem desejam que as pessoas se sintam constrangidas ao falar sobre questões pessoais, como religião.

> Quem, pois, me confessar diante dos homens, eu também o confessarei diante do meu Pai que está nos céus. Mas aquele que me negar diante dos homens, eu também o negarei diante do meu Pai que está nos céus.
>
> Mateus 10:32-33

Pessoas mornas medem seu grau de moralidade ou "bondade" comparando-se com o mundo. Elas se sentem satisfeitas porque, mesmo não sendo tão dedicadas a Jesus quanto os radicais, também não são tão horríveis quanto aquele sujeito que mora no fim da rua.

> O fariseu, em pé, orava no íntimo: "Deus, eu te agradeço porque não sou como os outros homens: ladrões, corruptos, adúlteros; nem mesmo como este publicano. Jejuo duas vezes por semana e dou o dízimo de tudo quanto ganho".
>
> Lucas 18:11-12

Pessoas mornas dizem amar Jesus — e ele é, de fato, parte da vida delas. Mas apenas uma parte. Elas entregam a ele uma fração de seu tempo, de seu dinheiro e de seus pensamentos, mas ele não tem permissão de controlar a vida delas.

> Quando andavam pelo caminho, um homem lhe disse: "Eu te seguirei por onde quer que fores". Jesus respondeu: "As raposas têm suas tocas e as aves do céu têm seus ninhos, mas o Filho do homem não tem onde repousar a cabeça". A outro disse: "Siga-me". Mas o homem respondeu: "Senhor, deixa-me ir primeiro sepultar meu pai". Jesus lhe disse: "Deixe que os mortos sepultem os seus próprios mortos; você, porém, vá e proclame o Reino de Deus". Ainda outro disse: "Vou seguir-te, Senhor, mas deixa-me primeiro voltar e despedir-me da minha família". Jesus respondeu: "Ninguém que põe a mão no arado e olha para trás é apto para o Reino de Deus".
>
> Lucas 9:57-62

Pessoas mornas amam a Deus, mas não o fazem de todo o coração, de toda a alma e com todas as forças. Elas garantem que tentam amar o Senhor dessa maneira, mas dizem que esse tipo de devoção total não é possível para as pessoas em geral; é coisa de pastores, missionários e fanáticos.

> Respondeu Jesus: "'Ame o Senhor, o seu Deus de todo o seu coração, de toda a sua alma e de todo o seu entendimento'. Este é o primeiro e maior mandamento".
> Mateus 22:37-38

Pessoas mornas amam os outros, mas não procuram amá-los tanto quanto amam a si mesmas. O amor que demonstram pelos demais é tipicamente focado naqueles que retribuem esse sentimento, como os familiares, os amigos e outras pessoas que elas conhecem e com as quais possuem algum tipo de ligação. Sobra pouco amor para aqueles que não são capazes de amá-las também, e menos ainda para quem as despreza deliberadamente, ou que possui filhos mais talentosos nos esportes, ou que não sabe conversar direito. O amor das pessoas mornas funciona à base da conveniência e é extremamente seletivo. Costuma se apresentar envolto em amarras.

> Vocês ouviram o que foi dito: "Ame o seu próximo e odeie o seu inimigo". Mas eu lhes digo: Amem os seus inimigos e orem por aqueles que os perseguem, para que vocês venham a ser filhos de seu Pai que está nos céus. Porque ele faz raiar o seu sol sobre maus e bons e derrama chuva sobre justos e injustos. Se vocês amarem aqueles que os amam, que recompensa vocês receberão? Até os publicanos fazem isso! E se saudarem apenas os seus irmãos, o que estarão fazendo de mais? Até os pagãos fazem isso!
> Mateus 5:43-47

> Então Jesus disse ao que o tinha convidado: "Quando você der um banquete ou jantar, não convide seus amigos, irmãos ou parentes, nem seus vizinhos ricos; se o fizer, eles poderão também, por sua vez, convidá-lo, e assim você será recompensado. Mas, quando der um banquete, convide os pobres, os aleijados, os mancos, e os cegos. Feliz será você, porque estes não têm como retribuir. A sua recompensa virá na ressurreição dos justos".
>
> Lucas 14:12-14

Pessoas mornas servem a Deus e aos outros, mas não ultrapassam determinados limites em termos do tempo, do dinheiro e da energia que estão dispostas a investir.

> "A tudo isso [os mandamentos] tenho obedecido desde a adolescência", disse ele. Ao ouvir isso, disse-lhe Jesus: "Falta-lhe ainda uma coisa. Venda tudo o que você possui e dê o dinheiro aos pobres, e você terá um tesouro nos céus. Depois venha e siga-me". Ouvindo isso, ele ficou triste, porque era muito rico. Vendo-o entristecido, Jesus disse: "Como é difícil aos ricos entrar no reino de Deus! De fato, é mais fácil passar um camelo pelo fundo de uma agulha do que um rico entrar no reino de Deus".
>
> Lucas 18:21-25

Pessoas mornas pensam na vida terrena com muito mais frequência do que na eternidade no céu. A vida diária é muito mais focada na lista de afazeres, na agenda semanal e nas férias do mês que vem. De vez em quando, se tanto, elas param para pensar na vida por vir. A respeito disso, C. S. Lewis escreveu:

> Se você ler a História, descobrirá que os cristãos que mais fizeram por este mundo presente foram justamente aqueles que

pensavam mais no mundo por vir. A partir do momento em que os cristãos pararam de pensar com frequência no outro mundo, eles se tornaram ineficazes neste.

Pois, como já lhes disse repetidas vezes, e agora repito com lágrimas, há muitos que vivem como inimigos da cruz de Cristo. O destino deles é a perdição, o seu deus é o estômago e eles têm orgulho do que é vergonhoso; só pensam nas coisas terrenas. A nossa cidadania, porém, está nos céus, de onde esperamos ansiosamente o Salvador, o Senhor Jesus Cristo.

Filipenses 3:18-20

Mantenham o pensamento nas coisas do alto, e não nas coisas terrenas.

Colossenses 3:2

Pessoas mornas são gratas pelas coisas luxuosas que possuem e pelo conforto que desfrutam, e raramente pensam em dar o máximo possível aos pobres. Elas se apressam em dizer: "Jesus nunca falou que o dinheiro é a raiz de todos os males; ele disse que o *amor* ao dinheiro é a raiz do mal". Inúmeras pessoas mornas se sentem "chamadas" para o ministério da prosperidade material; poucas, porém, se sentem "chamadas" para ministrar aos pobres.

Venham, benditos de meu Pai! Recebam como herança o reino que lhes foi preparado desde a criação do mundo [...] Digo-lhes a verdade: O que vocês fizeram a algum dos meus menores irmãos, a mim o fizeram.

Mateus 25:34,40

> O jejum que desejo não é este: soltar as correntes da injustiça, desatar as cordas do jugo, pôr em liberdade os oprimidos e romper todo jugo? Não é partilhar sua comida com o faminto, abrigar o pobre desamparado, vestir o nu que você encontrou, e não recusar ajuda ao próximo?
>
> Isaías 58:6-7

Pessoas mornas fazem o que for necessário para evitar o sentimento de culpa. Elas querem fazer o mínimo necessário para poderem ser consideradas "suficientemente boas" sem que isso exija demais delas.

Elas perguntam: "Até onde posso ir sem que isso seja considerado pecado?", em vez de: "Como posso me manter puro como templo do Espírito Santo que sou?".

Elas perguntam: "Quanto tenho de doar?", em vez de: "Quanto posso doar?".

Elas perguntam: "Quanto tempo devo investir em oração e leitura da minha Bíblia?", em vez de dizer: "Eu gostaria de não precisar ir ao trabalho para poder sentar aqui e ler por mais tempo!".

> Mas quem sou eu, e quem é o meu povo para que pudéssemos contribuir tão generosamente como fizemos? Tudo vem de ti, e nós apenas te demos o que vem das tuas mãos.
>
> 1Crônicas 29:14

> O reino dos céus também é como um negociante que procura pérolas preciosas. Encontrando uma pérola de grande valor, foi, vendeu tudo o que tinha e a comprou.
>
> Mateus 13:44-46

Pessoas mornas se preocupam o tempo todo com sua segurança; elas são escravas do deus do controle total. Esse foco na segurança pessoal as impede de se sacrificar e arriscar por Deus.

> Ordene aos que são ricos no presente mundo que não sejam arrogantes, nem ponham sua esperança na incerteza da riqueza, mas em Deus, que de tudo nos provê ricamente, para a nossa satisfação. Ordene-lhes que pratiquem o bem, sejam ricos em boas obras, generosos e prontos a repartir.
>
> 1 Timóteo 6:17-18

> Não tenham medo dos que matam o corpo, mas não podem matar a alma. Antes, tenham medo daquele que pode destruir tanto a alma como o corpo no inferno.
>
> Mateus 10:28

Pessoas mornas se sentem seguras pelo fato de frequentarem uma igreja, por terem feito uma profissão de fé aos doze anos, por serem batizadas, por terem sido criadas em uma família cristã, por votarem nos republicanos ou por viver nos Estados Unidos. Assim como os profetas do Antigo Testamento alertaram Israel de que a nação não estava a salvo apenas por viver naquela terra, nós também não estamos a salvo apenas porque ostentamos o rótulo de "cristãos" ou alguém insiste em nos classificar como "nação cristã".

> Nem todo aquele que me diz: "Senhor, Senhor", entrará no reino dos céus, mas apenas aquele que faz a vontade de meu Pai que está nos céus.
>
> Mateus 7:21

> Ai de vocês que vivem tranquilos em Sião, e que se sentem seguros no monte de Samaria; vocês, homens notáveis da primeira entre as nações...
>
> Amós 6:1

Pessoas mornas não vivem pela fé; a vida delas é estruturada de maneira que nunca tenham de viver pela fé. Não precisam confiar em Deus se alguma coisa inesperada acontecer; elas têm uma conta na poupança. Não precisam da ajuda de Deus; já fizeram um plano de aposentadoria. Não buscam, com sinceridade, viver da maneira que o Senhor deseja; a vida que levam está toda bem planejada e mapeada. Não dependem de Deus a cada dia; a geladeira está cheia de comida e, de maneira geral, a saúde está boa. A verdade é que a vida dessas pessoas não seria muito diferente se, de uma hora para outra, resolvessem parar de crer em Deus.

> Então lhes contou esta parábola: "A terra de certo homem rico produziu muito. Ele pensou consigo mesmo: 'O que vou fazer? Não tenho onde armazenar minha colheita'. Então disse: 'Já sei o que vou fazer. Vou derrubar os meus celeiros e construir outros maiores, e ali guardarei toda a minha safra e todos os meus bens. E direi a mim mesmo: Você tem grande quantidade de bens, armazenados para muitos anos. Descanse, coma, beba e alegre-se'. Contudo, Deus lhe disse: 'Insensato! Esta mesma noite a sua vida lhe será exigida. Então, quem ficará com o que você preparou?' Assim acontece com quem guarda para si riquezas, mas não é rico para com Deus".
>
> Lucas 12:16-21; cf. Hebreus 11

Pessoas mornas provavelmente bebem e suam menos que as outras. Fora isso, não são muito diferentes daquelas que não creem. Elas consideram sua vida parcialmente asséptica um exemplo de santidade, mas não poderiam estar mais equivocadas.

> Ai de vocês, mestres da lei e fariseus, hipócritas! Vocês limpam o exterior do copo e do prato, mas por dentro eles estão cheios de ganância e cobiça. Fariseu cego! Limpe primeiro o interior do copo e do prato, para que o exterior também fique limpo. Ai de vocês, mestres da lei e fariseus, hipócritas! Vocês são como sepulcros caiados: bonitos por fora, mas por dentro estão cheios de ossos e de todo tipo de imundície.
>
> Mateus 23:25-28

Esse perfil do morno não é uma definição totalmente abrangente do que significa ser um cristão nem deve ser usado como munição para julgar a salvação de seu companheiro de fé. Em vez disso, como diz 2Coríntios 13:5, é um chamado: "Examinem-se para ver se vocês estão na fé; provem-se a si mesmos".

Somos *todos* seres humanos cheios de falhas, e ninguém está totalmente imune aos comportamentos descritos nos exemplos que acabamos de ver. No entanto, há uma diferença entre a vida caracterizada por esses tipos de mentalidade e hábitos e a vida que está passando por um processo de transformação radical. Trataremos da questão da transformação mais adiante, mas agora é hora de fazer um sério levantamento pessoal.

Quando eu estava cursando o ensino médio, pensei seriamente em me alistar no Corpo de Fuzileiros Navais. Isso aconteceu na época em que começaram a ser veiculados os primeiros anúncios com o *slogan*: "Os escolhidos; os orgulhosos; os fuzileiros navais". O que me fez mudar de ideia foi ver que, naqueles anúncios, todo mundo estava sempre correndo. Sempre. E eu *detesto* correr.

Entretanto, quer saber de uma coisa? Não me importei de perguntar se eles modificariam as regras para mim a fim de que pudesse correr menos e, talvez, fazer menos flexões também. Teria sido sem sentido e estúpido de minha parte, e eu sabia disso. Todo mundo sabe que, quando uma pessoa se alista no Corpo de Fuzileiros Navais, tem de fazer tudo o que mandam. Eles são os donos dos fuzileiros.

De alguma maneira, esse tipo de percepção não passa por nossa mente no que diz respeito à vida cristã. Jesus não disse que, se você quisesse segui-lo, poderia fazê-lo de um modo morno. Ele disse: "Tome sua cruz e me siga". Também falou:

> Ou, qual é o rei que, pretendendo sair à guerra contra outro rei, primeiro não se assenta e pensa se com dez mil homens é capaz de enfrentar aquele que vem contra ele com vinte mil? Se não for capaz, enviará uma delegação, enquanto o outro ainda está longe, e pedirá um acordo de paz. Da mesma forma, qualquer de vocês que não renunciar a tudo o que possui não pode ser meu discípulo.
>
> Lucas 14:31-33

Jesus pede tudo, mas tentamos dar menos que isso. Ele disse:

> O sal é bom, mas se ele perder o sabor, como restaurá-lo? Não serve nem para o solo nem para adubo; é jogado fora.
>
> Lucas 14:34-35

Aqui Jesus não está apenas fazendo uma pequena analogia interessante. Ele está falando àqueles que não estão dispostos a entregar tudo, que não serão capazes de segui-lo em qualquer circunstância. Jesus está dizendo que a dedicação morna e sem envolvimento total é inútil; que isso faz nossa alma adoecer. Ele está dizendo que esse tipo de sal "não serve [...] nem para adubo".

Puxa! Será que você gostaria de ouvir o Filho de Deus dizer: "Você arruinaria o adubo"?

Quando o sal é mesmo salgado, ele ajuda o adubo a ser um bom fertilizante. Mas uma fé descomprometida e morna é absolutamente inútil. Não consegue nem beneficiar o adubo.

CAPÍTULO 5

Servindo restos a um Deus santo

De todos os capítulos deste livro, este foi o que tive mais dificuldade de escrever. Não quero que as minhas palavras sejam duras demais para serem assimiladas nem deem a impressão de que desejo causar controvérsia. Mas eu tinha de escrever este capítulo porque acredito na importância e na verdade daquilo que estou prestes a dizer.

No capítulo anterior, discutimos várias reações inapropriadas ao amor de Deus. Agora vamos dar uma olhada em exemplos bíblicos de reações ruins à dádiva de amor do Senhor. Antes de você subestimar ou ignorar o que vou dizer, leia essas passagens bíblicas de modo objetivo, sem opiniões preconcebidas e arraigadas.

A análise que fiz de cristãos mornos no capítulo 4 foi, sem dúvida alguma, muito profunda e exaustiva. No entanto, serviu como uma convocação para que você examine seu coração à luz das questões que mencionei. De acordo com meu ponto de vista, um cristão morno é uma contradição; na verdade, esse conceito não existe. Sendo bem objetivo, o que quero dizer é: as pessoas que frequentam a igreja, mas são mornas, não podem ser consideradas cristãs. Nós não as veremos quando chegarmos ao céu.

Em Apocalipse 3:15-18, Jesus diz:

> Conheço as suas obras, sei que você não é frio nem quente. Melhor seria que você fosse frio ou quente! Assim, porque você é morno, não é frio nem quente, estou a ponto de vomitá-lo da minha boca. Você diz: "Estou rico, adquiri riquezas e não preciso de nada". Não reconhece, porém, que é miserável, digno de compaixão, pobre, cego, e que está nu. Dou-lhe este conselho: Compre de mim ouro refinado no fogo, e você se tornará rico; compre roupas brancas e vista-se para cobrir a sua vergonhosa nudez; e compre colírio para ungir os seus olhos e poder enxergar.

Essa passagem é a origem de nossa compreensão moderna do conceito de *indiferença*. Jesus está dizendo à igreja que, por ela ser morna, ele a vomitará de sua boca.

Não existe nenhuma forma de interpretar de maneira mais suave a palavra "vomitar" no original grego. Essa é a única vez que é usada no Novo Testamento, e tem a conotação de esforço para vomitar, náusea, ânsia de vômito. Muita gente lê essa passagem bíblica e presume que Jesus está se dirigindo a pessoas salvas. Por quê?

Quando você lê essa passagem, será que conclui naturalmente que ser "vomitado" da boca de Jesus significa fazer parte do reino de Deus? Ao ler as palavras "miserável, digno de compaixão, pobre, cego, e que está nu", você acha que Cristo está descrevendo pessoas santas? Quando ele as aconselha a comprar "roupas brancas" e vesti-las para "cobrir a sua vergonhosa nudez", isso soa como um conselho para quem já está salvo?

Sempre achei que as pessoas salvas fossem purificadas e vestidas de branco pelo sangue de Cristo.

Em um rascunho prévio deste capítulo, citei vários comentaristas que concordaram com meu ponto de vista. Mas todos nós sabemos que é possível encontrar comentários e citações que sustentem qualquer posição assumida. Você pode até elaborar estudos que lhe ajudem em seu esforço. Não sou contra o trabalho acadêmico, mas acredito que, em determinados momentos, chegamos a conclusões mais precisas por meio da simples leitura da Palavra de Deus.

Assim, passei os últimos dias lendo os evangelhos. Em vez de analisar um versículo e dissecá-lo, optei por ler atentamente um evangelho de cada vez. Além disso, procurei fazer essa leitura sob a perspectiva de uma criança de doze anos que não sabia nada sobre Jesus. Minha intenção era redescobrir as conclusões razoáveis a que uma pessoa chega quando lê os evangelhos de modo objetivo pela primeira vez. Em outras palavras, li a Bíblia como se nunca a tivesse lido antes.

Sabe qual foi minha conclusão? A de que o chamado de Deus a um compromisso com ele é bem claro: ele quer tudo ou nada. A ideia de uma pessoa se considerar "cristã" sem ser uma seguidora dedicada de Cristo é absurda.

Durante anos, lutei para entender a parábola dos solos. Eu queria saber se a pessoa que representa o solo rochoso é salva, embora não forme raízes. Aí eu ficava pensando sobre o solo cheio de espinhos: será que essa pessoa é salva, considerando que ela forma raízes?

Tenho dúvidas sobre se as pessoas sequer pensavam nessas coisas no tempo de Jesus! Será que esse conceito de um cristão que não dá frutos é algo que inventamos para tornar o cristianismo mais "fácil"? Quer dizer então que podemos seguir nosso curso à vontade e, mesmo assim, continuar nos considerando seguidores de Cristo? Sendo assim, é possível, por assim dizer, se alistar no Corpo de Fuzileiros Navais sem ter de fazer todos aqueles exercícios, certo?

A intenção de Jesus nessa parábola era comparar o único solo bom com os que não constituíam alternativas legítimas. Para ele, havia apenas uma opção para o verdadeiro cristão.

Vamos encarar os fatos: só estamos dispostos a realizar mudanças em nossa vida se acharmos que isso afeta a nossa salvação. É por essa razão que tanta gente me faz perguntas como: "Posso me divorciar de minha esposa e, ainda assim, entrar no céu?"; "Preciso ser batizado para ser salvo?"; "Será que posso me considerar cristão, mesmo tendo relações sexuais com minha namorada?"; "Se eu cometer suicídio, ainda posso ir para o céu?"; "Se eu sentir vergonha de falar de Cristo, será que ele vai mesmo negar que me conhece?".

Para mim, essas perguntas constituem uma tragédia, pois revelam muito sobre a situação de nosso coração. Elas demonstram que nossa preocupação é muito maior com a garantia do céu do que com o amor pelo Rei. Jesus disse: "Se vocês me amam, obedecerão aos meus mandamentos" (Jo 14:15). A partir daí, a pergunta logo se torna ainda mais absurda: "Posso ir para o céu sem crer e amar Jesus de verdade?".

Não vejo em nenhum lugar das Escrituras como a resposta a essa pergunta possa ser "sim".

Tiago 2:19 diz: "Você crê que existe um só Deus? Muito bem! Até mesmo os demônios creem — e tremem!". Deus não deseja apenas que tenhamos uma boa teologia; ele quer também que o conheçamos e o amemos. Em 1João 2:3-4, lemos: "Sabemos que o conhecemos, se obedecemos aos seus mandamentos. Aquele que diz: 'Eu o conheço', mas não obedece aos seus mandamentos, é mentiroso, e a verdade não está nele".

Você pode dizer que sou doido, mas acho que esses versículos significam o seguinte: a pessoa que afirma conhecer Deus, mas não obedece aos seus mandamentos é mentirosa, e a verdade não está nela.

Em Mateus 16:24-25, Jesus afirma: "Se alguém quiser acompanhar-me, negue-se a si mesmo, tome a sua cruz e siga-me. Pois quem quiser salvar a sua vida, a perderá, mas quem perder a sua vida por minha causa, a encontrará". E em Lucas 14:33, ele diz: "Da mesma forma, qualquer de vocês que não renunciar a tudo o que possui não pode ser meu discípulo".

Algumas pessoas afirmam que podemos ser cristãos sem termos necessariamente de ser discípulos. Fico pensando, então: por que a última coisa que Jesus nos disse para fazer foi ir ao mundo, fazer *discípulos* de todas as nações e ensiná-los a *obedecer a todos* os seus mandamentos? Você vai perceber que ele *não* acrescentou: "Mas, veja bem, se isso for pedir muito, diga a eles que basta se tornarem cristãos — sabe como é, aquelas pessoas que vão para o céu sem assumir nenhum compromisso com nada".

Ore. Em seguida, leia os evangelhos. Feche este livro e pegue a sua Bíblia. Minha oração por você é que consiga entender as Escrituras não como eu as vejo, mas como Deus deseja que elas sejam compreendidas.

⬇⬆

Não quero que os cristãos genuínos duvidem de sua salvação quando lerem este livro. Em meio a nossas tentativas imperfeitas de amar Jesus, sua *graça* nos cobre.

Cada um de nós tem elementos e práticas típicos dos mornos na vida; e é aí que reside a graça sem sentido e extraordinária de tudo isso. As Escrituras demonstram claramente que há espaço para falhas e pecados em nossa busca por Deus. Suas misericórdias *se renovam* a cada manhã (Lm 3). Sua graça *é* suficiente (2Co 12:9). *Não* estou dizendo que, quando você faz alguma besteira, isso significa que nunca tenha sido um cristão genuíno, antes de tudo. Se isso fosse verdade, ninguém poderia seguir Cristo.

A distinção é a perfeição (a qual ninguém atingirá na terra) e uma postura de obediência e submissão, segundo a qual a pessoa está sempre se movimentando na direção de Cristo. Chamar alguém de cristão simplesmente porque essa pessoa faz algumas coisas que os cristãos costumam fazer é dar um falso consolo aos não salvos. No entanto, determinar que todas as pessoas que pecam não são salvas é negar a realidade e a verdade da graça de Deus.

Baseando-nos em outros textos bíblicos (Cl 2:1; 4:13,15-16), a igreja em Laodiceia parece ter sido uma comunidade de fé saudável e legítima. Alguma coisa, porém, aconteceu. Na época que Apocalipse foi escrito, cerca de 25 anos depois da carta aos Colossenses, o coração do povo de Laodiceia aparentemente não pertencia mais a Deus — apesar do fato de ainda se tratar de uma igreja bem ativa. Ela estava prosperando e não parecia sofrer nenhum tipo de perseguição.

Estavam confortáveis e orgulhosos. Parece bem familiar, não acha?

Pobre gente rica

Ronnie, um rapaz cego que vive na parte oriental de Uganda, é singular não apenas por causa de sua condição ou pelo fato de ser cego, mas também por seu amor por Jesus. Se você tivesse a chance de conhecê-lo, uma das primeiras coisas que o ouviria dizer é: "Amo Jesus demais, e canto louvores a ele todos os dias!".

Um dos amigos mais íntimos de Ronnie é uma garota surda. O que os une não é o fato de terem uma deficiência física ou de serem muito pobres, mas a satisfação e o amor evidentes que sentem por Jesus. Eles têm pouca coisa daquilo que nossa sociedade considera importante, mas possuem o que há de mais valioso. Eles se aproximaram de Deus em um momento de grande necessidade, e encontraram a verdadeira alegria.

Por não costumarmos depender de Deus para conseguir comida, dinheiro para comprar a próxima refeição ou um abrigo, não nos sentimos dependentes. Na verdade, geralmente nos consideramos muito independentes e capazes. Mesmo que não sejamos ricos, dizemos que "estamos indo muito bem".

Se uma centena de pessoas representasse a população do mundo, 53 delas viveriam com menos de dois dólares por dia. Já parou para pensar que, se você ganhar cerca de R$ 7 mil por mês, automaticamente terá um salário *cem vezes maior* que a média das pessoas deste planeta? Só para comprar este livro, você gastou o dinheiro que a maioria das pessoas no mundo tem para passar a semana inteira.

Qual é o maior absurdo nessa história: o fato de termos tanto em comparação com todas as outras pessoas ou de não acharmos que somos ricos? Que a qualquer momento podemos, de modo arrogante, nos considerar "falidos" ou "pobres"? Não somos nenhuma das duas coisas. Somos ricos. Podres de ricos.

Robert Murray M'Cheyne era um pastor escocês que morreu aos 29 anos. Embora tivesse vivido no início do século XIX, suas palavras são muito apropriadas para hoje em dia:

> Estou preocupado com os pobres, mas estou ainda mais preocupado com você. Não sei o que Cristo dirá a você naquele grande dia [...] Temo que muitos que me ouvem saibam bem que não são cristãos porque não amam a generosidade. Doar muito e de modo liberal, não de má vontade, exige um coração novo; o velho coração daria preferência a entregar sua força vital do que

entregar seu dinheiro. Ah, meus amigos! Aproveitem seu dinheiro; façam o máximo que for possível com ele; aproveitem o mais rápido possível, pois tenho uma coisa a lhes dizer: vocês serão mendigos por toda a eternidade.[1]

A realidade é a seguinte: reconheçamos ou não nossa prosperidade, ser rico é uma séria desvantagem em termos espirituais. Como William Wilberforce disse certa vez, "a prosperidade endurece o coração".

Quando conversava com uma pessoa rica que queria ir para o céu (não acha que essa descrição serve para a maioria de nós?), Jesus disse:

> Ao ouvir isso, disse-lhe Jesus: "Falta-lhe ainda uma coisa. Venda tudo o que você possui e dê o dinheiro aos pobres, e você terá um tesouro nos céus. Depois venha e siga-me". Ouvindo isso, ele ficou triste, porque era muito rico. Vendo-o entristecido, Jesus disse: "Como é *difícil* aos ricos entrar no reino de Deus!"
>
> Lucas 18:22-24, grifo do autor

Ele diz que isso é tão difícil quanto um camelo passar pelo buraco de uma agulha — em outras palavras, é impossível. *Em seguida, porém*, Jesus usa palavras de esperança: "O que é impossível para os homens é possível para Deus" (v. 27).

No capítulo seguinte, quando Jesus entra na cidade de Jericó, vemos exatamente como o impossível se torna possível com Deus. Lá, o rico coletor de impostos chamado Zaqueu entrega metade do dinheiro que possui aos pobres e paga quatro vezes

---

[1] Citado por John Piper, *Não jogue sua vida fora*, São Paulo: Cultura Cristã, 2006.

mais o valor que havia cobrado das pessoas indevidamente. E Jesus declara: "Hoje houve salvação nesta casa!" (Lc 19:9).

O impossível aconteceu naquele dia: um homem rico recebeu a salvação!

Oferecendo os restos
Deus quer, deseja e exige o melhor que temos a oferecer. Desde o início dos tempos, ele deixa claro que algumas ofertas lhe são aceitáveis, ao passo que outras não são. Pergunte a Caim, cuja oferta "não aceitou" (Gn 4:5).

Durante anos, entreguei ao Senhor apenas os restos, e não sentia vergonha disso. Simplesmente ignorava as Escrituras e me comparava com os outros. Os ossos que eu jogava para Deus tinham mais carne do que os ossos que os outros atiravam, por isso eu achava que estava fazendo uma grande coisa.

É fácil nos encher de outras coisas e, em seguida, oferecer a Deus apenas as sobras. Oseias 13:6 diz: "Quando eu os alimentava, ficavam satisfeitos; quando ficavam satisfeitos, se orgulhavam, e então me esqueciam". Deus fica com um ou dois pedaços só porque nos sentimos culpados se não lhe entregarmos nada. Uma oração resmungada de três minutos ao fim do dia, quando já estamos quase dormindo. Duas notinhas de um real amassadas entregues ao fundo da igreja para os pobres para não ficar com peso na consciência. Vá buscar, Deus!

> "Na hora de trazerem animais cegos para sacrificar, vocês não veem mal algum. Na hora de trazerem animais aleijados e doentes como oferta, também não veem mal algum. Tentem oferecê-los de presente ao governador! Será que ele se agradará de vocês? Será que os atenderá?", pergunta o Senhor dos Exércitos.
>
> Malaquias 1:8

Os sacerdotes do tempo de Malaquias achavam que os sacrifícios que ofereciam eram suficientes. Eles possuíam animais sem manchas, mas optavam por guardá-los para si e entregar a Deus os animais que mais desprezavam. Eles presumiam que Deus se agradaria pelo simples fato de terem sacrificado *alguma coisa*.

Deus classificava essa prática como *mal*.

Os restos não são apenas inadequados; segundo o ponto de vista de Deus (e é bom não se esquecer de que esse é o único que importa), eles são classificados como *mal*. Vamos parar de inventar desculpas como "agenda lotada", "preocupação com as contas" ou "esquecimento". O nome certo é *mal*.

Deus é santo. No céu, há um Ser que decide se vou continuar respirando ou não. Esse único Deus merece a excelência, o melhor que eu tenha para oferecer. "Mas qualquer coisa é melhor que nada!", alguém pode argumentar. Será que é mesmo? Será que *qualquer um* gosta de elogio forçado? Eu não gosto, com certeza. Prefiro que você não me diga nada do que ouvir um elogio dito por obrigação ou culpa. Porque deveríamos achar que com Deus é diferente?

Em Malaquias 1:10, Deus diz: "Ah, se um de vocês fechasse as portas do templo! Assim ao menos não acenderiam o fogo do meu altar inutilmente. Não tenho prazer em vocês [...] e não aceitarei as suas ofertas". Deus queria que as portas do templo ficassem fechadas. Os sacrifícios débeis dos sacerdotes displicentes eram um insulto para ele. O Senhor estava dizendo que nenhum louvor é melhor do que o louvor sem segundas intenções. Fico pensando em quantas portas de igrejas Deus deseja fechar nos dias atuais.

A orientação de Jesus ao povo da igreja em Laodiceia foi a de comprar dele as coisas que realmente importam, aquelas cuja necessidade eles nem sequer se davam conta. Eram ricos, mas Jesus pede que troquem sua prosperidade pelo ouro divino, refinado no fogo; eles tinham roupas, mas Jesus os aconselha a comprar vestes realmente brancas para cobrir a nudez; eles não desejavam nada, mas Jesus afirma que precisam de unguento para curar a cegueira. Ele pede àquelas pessoas que abram mão do que pensam ser tão necessário e valioso em troca daquilo que realmente importa.

Mark Buchanan escreveu: "Geralmente desafiamos as doenças físicas e nos resignamos com as doenças da alma".[2] O povo em Laodiceia não percebia nem reconhecia que sua alma estava adoecida, que precisava desesperadamente daquilo que Cristo oferecia. Como Tim Kizziar afirmou, "nosso maior medo como indivíduos e como igreja não deveria ser o fracasso, mas o sucesso nas coisas da vida que não têm valor".

Há algum tempo, vi uma embalagem de batatas fritas com uma declaração ousada em destaque na parte da frente: "Zero grama de gordura trans". Fiquei feliz em saber que não consumiria nenhuma gordura trans, que as pesquisas revelaram ser prejudiciais a minha saúde. Em seguida, porém, virei a embalagem e li a lista de ingredientes, que incluía coisas como "amarelo número 6" e outros corantes artificiais, além de gordura parcialmente hidrogenada (que é gordura trans, só que em uma quantidade tão pequena que, por lei, pode ser considerada "zero grama"). Pensei em como era inacreditavelmente irônico o fato de aquelas batatinhas serem anunciadas para nos fazer pensar que não faziam nenhum mal e, no entanto, conterem uma grande quantidade de calorias, substâncias químicas esquisitas e... gordura trans.

Fiquei chocado ao constatar que muitos cristãos saem por aí exibindo sua embalagem "sem gordura trans", tentando convencer todo mundo que são saudáveis e bons. No entanto, eles não têm

---

[2] *The Rest of God*, Nashville: Thomas Nelson, 2007, p. 65.

substância nem elementos saudáveis a sua fé. São como o povo de Laodiceia, que julgava possuir tudo, até Cristo dizer que aquelas pessoas eram pobres e desprezíveis. Elas se gabavam, declarando: "Veja, não temos gordura trans. Somos saudáveis"; ou: "Temos belas famílias"; ou: "Vamos à igreja toda semana". Obviamente, não é o que você anuncia por aí que importa, e sim aquilo que você é por dentro.

A definição divina do que importa é bem objetiva e franca. Ele avalia nossa vida pela capacidade que temos de amar. Em nossa cultura, mesmo quando um pastor não ama de fato as pessoas, ainda assim pode ser considerado bem-sucedido, desde que seja um orador talentoso, que faça sua igreja rir ou ore "por todas as pessoas pobres e sofridas do mundo" todo domingo. Mas Paulo escreve:

> Ainda que eu tenha o dom de profecia e saiba todos os mistérios e todo o conhecimento, e tenha uma fé capaz de mover montanhas, se não tiver amor, nada serei. Ainda que eu dê aos pobres tudo o que possuo e entregue o meu corpo para ser queimado, se não tiver amor, nada disso me valerá.
>
> 1Coríntios 13:2-3

Puxa! Palavras fortes, que não deixam nenhuma margem a dúvidas. Segundo Deus, estamos aqui para amar. Nada mais realmente importa.

Assim, Deus avalia nossa vida com base em nossa capacidade de amar. Mas a palavra "amor" foi banalizada e desgastada. O que Deus quer dizer quando fala em amor? Ele nos diz:

> O amor é paciente, o amor é bondoso. Não inveja, não se vangloria, não se orgulha. Não maltrata, não procura seus interesses, não

se ira facilmente, não guarda rancor. O amor não se alegra com a injustiça, mas se alegra com a verdade. Tudo sofre, tudo crê, tudo espera, tudo suporta. O amor nunca perece; mas as profecias desaparecerão, as línguas cessarão, o conhecimento passará.

1Coríntios 13:4-8

Contudo, até mesmo essas palavras ficaram muito banais e desgastadas, não é?

Fui desafiado a realizar um pequeno exercício com esses versículos, algo profundamente comprometedor. Pegue a declaração "O amor é paciente" e substitua a palavra "amor" por seu nome. (Para mim, por exemplo, seria: "Francis é paciente".) Faça isso com todas as afirmações sobre o amor contidas nessa passagem bíblica.

No fim de tudo, você não tem a impressão de ser uma pessoa muito mentirosa? Se eu tenho o dever de representar o que é o amor, então vou falhar com frequência nessa missão de amar as pessoas como devo.

Seguir Cristo não é algo que possa ser feito de maneira displicente ou como um apêndice da vida. Não se trata de um rótulo que possamos apresentar por aí quando nos for conveniente. Tem de ser um elemento central em tudo quanto fazemos e somos.

Se a vida é um rio, então buscar Cristo exige que nademos contra a corrente. Quando paramos de nadar (ou seja, quando deixamos de segui-lo efetivamente), automaticamente começamos a ser levados pela correnteza.

Ou então, para usar outra metáfora mais familiar às pessoas que vivem nas cidades, estamos em uma escada rolante que nunca para de descer. Para nos desenvolvermos, devemos voltar e subir a escada na direção oposta ao seu movimento, aguentando os olhares desconfiados de todas as pessoas que estão descendo aos poucos.

Acredito que uma parte considerável das pessoas que vão à igreja, mesmo que não esteja nadando especificamente a favor da correnteza, flutua vagarosamente para longe de Cristo. Não se trata de uma escolha consciente, mas não deixa de ser um fato, pois pouca coisa na vida dessas pessoas as impele na direção de Cristo.

Talvez isso tudo dê a impressão de que eu acredito na necessidade de as pessoas trabalharem para se aproximar de Jesus. Não é isso. Acredito, com toda a convicção, que somos salvos pela graça, que é dom de Deus, por meio da fé, e que a verdadeira fé se manifesta em nossas ações. Como se lê em Tiago 2:17: "Assim também a fé, por si só, se não for acompanhada de obras, está morta". Faltam manifestações de uma fé vital e ativa na vida de muita gente que se diz "cristã".

Para ser sincero, isso me assusta. É uma coisa que me tira o sono e leva a interceder desesperadamente, e com fervor, por minha congregação, pelos grupos de pessoas a quem falo e pela igreja como um todo.

Henri Nouwen escreve sobre esse tema no livro *Oração — O que é, como se faz*:

> É difícil suportar pessoas que ficam paradas no caminho, que desanimam e buscam a felicidade em pequenos prazeres aos quais se apegam [...] Você lamenta tanta autoindulgência e tanto esforço por satisfação pessoal, pois sabe, com uma convicção indestrutível, que alguma coisa maior está por chegar...[3]

Ou, como está escrito em Lucas 9:25: "Pois que adianta ao homem ganhar o mundo inteiro, e perder-se ou destruir a si mesmo?".

---

[3] São Paulo: Loyola, 1999.

Quantos de nós seríamos capazes de realmente deixar nossa família, nosso emprego, nossa educação, nossos amigos, nossas conexões, nossos ambientes familiares e nosso lar se Jesus nos pedisse para fazê-lo? Imagine se ele simplesmente aparecesse de repente e dissesse: "Siga-me!". Sem dar nenhuma explicação. Sem dar nenhuma orientação.

Você poderia segui-lo até o alto de um monte para ser crucificado. Talvez Jesus o levasse a outro país e você nunca mais voltasse a ver sua família. Ou — quem sabe? — você não saísse de seu lugar, mas ele lhe pedisse que dedicasse seu tempo para ajudar as pessoas que jamais retribuiriam seu amor e nunca demonstrassem gratidão pelas coisas que você renunciou.

Pense nisso com cuidado — você já fez isso? Ou sua decisão de seguir Cristo foi superficial, baseada apenas em sentimentos e emoções, tomada sem nenhuma noção das implicações?

O que mais me amedronta são as pessoas mornas que não estão nem um pouco preocupadas com isso. Acho que, se eu fizesse uma pesquisa com os leitores deste livro, muitos diriam: "Sim, às vezes sou mesmo um cristão morno, mas não estou em condições de oferecer mais a Deus". Muita gente acredita que tem tanto de Deus quanto precisa neste momento — uma porção razoável de Deus entre todas as outras coisas da vida.

A maior parte de nossos pensamentos é concentrada no dinheiro que queremos ganhar, na escola que pretendemos frequentar, no corpo que desejamos ter, na pessoa com quem vamos nos casar, com o tipo de pessoa que planejamos nos tornar. O fato, porém, é que *nada* deveria nos preocupar mais que nosso relacionamento com Deus. É uma questão de eternidade, e não há nada que se compare a isso. Deus não é uma pessoa que possamos vincular nossa vida.

Lembra-se das visões que João e Isaías tiveram da sala do trono de Deus? Lembra-se da ilustração das galáxias e de como somos insignificantes em comparação a elas? Lembra-se da diversidade de Deus, evidente em milhares de espécies de árvores presentes nas florestas tropicais? Dizemos ao Criador de toda essa magnitude e majestade: "Bem, não tenho certeza se o senhor vale mesmo a pena. Veja bem, eu gosto muito de meu carro, de meus pecadinhos, de meu dinheiro, e não tenho muita convicção de que desejo abrir mão disso tudo, mesmo que signifique me aproximar do senhor".

Quando a questão é colocada dessa maneira tão objetiva — uma escolha pura e simples entre Deus e as outras coisas —, muitos de nós torcemos que nossa opção seja por Deus. No entanto, precisamos entender que a maneira de gastar nosso tempo, de aplicar nosso dinheiro e de investir nossa energia tem relação direta com essa escolha ou rejeição. Como poderíamos pensar, mesmo que por apenas um segundo, que algo dessa mísera vida terrena pudesse ser comparado ao Criador, Sustentador e Salvador de todas as coisas?

Causamos um desgosto a Deus quando o avaliamos e comparamos às coisas deste mundo. Ele fica decepcionado ao constatar que consideramos essas coisas melhores para nós. Acreditamos que não precisamos de nada que Jesus tem para oferecer, mas deixamos de perceber que somos levados aos poucos pela correnteza, de modo quase imperceptível. E, nesse processo, nos tornamos cegos, somos desnudados e nos transformamos em pobres coitados.

Não chega a causar nenhuma admiração a declaração de Jesus, segundo a qual ele vomitará as pessoas mornas de sua boca!

Entenda com clareza o que digo a respeito disso, pois é vital — na verdade, não há nada mais importante ou eterno: *você está disposto a dizer a Deus que ele pode ter o que quiser de sua vida? Acredita que um compromisso sincero com ele é mais importante que qualquer outra coisa ou pessoa? Você tem consciência de que nada que vier a fazer nesta vida será importante, a não ser que tenha relação direta com seu amor a Deus e às pessoas que ele criou?*

Se a resposta a essas perguntas for "sim", então torne suas ações compatíveis com seu discurso. A fé genuína significa não reter nada; tudo é investido em nome da esperança da eternidade.

Sei que essa coisa toda de nadar contra a corrente, buscar Cristo, carregar a cruz e pagar o preço não é fácil. É muito difícil, na verdade, visto que o próprio Jesus comentou que o caminho é estreito e poucos o encontrarão — menos ainda entre os ricos. Como a parábola do semeador, não tenha tanta certeza de que seu coração é um solo fértil; não presuma arrogantemente que você é uma das poucas pessoas que trilham o caminho estreito.

CAPÍTULO 6

Quando você ama

> *Ó, Deus, provei de tua bondade, e ela tanto me satisfez quanto me fez desejar por mais. Tenho a dolorosa consciência de minha necessidade de mais graça. Envergonho-me de minha falta de desejo. Ó, Deus, trino Deus, quero desejar-te; anseio por ansiar-te por inteiro; estou sedento de mais sede de ti. Mostra-me a tua glória, peço-te, para que eu possa te conhecer de fato. Por tua misericórdia, inicia dentro de mim uma nova obra de amor. Dize a minh'alma: "Manifesta o meu amor, amada minha, e vem comigo". Então, dá-me graça para me erguer e te seguir desde essa planície escura por onde tenho vagado há tanto tempo.*[1]

Você já conheceu alguém completa e desesperadamente apaixonado por Jesus? Eu já. Clara, a avó de minha esposa.

Falei durante o velório de vovó Clara, e pude dizer com toda a honestidade às pessoas ali presentes que eu nunca conhecera ninguém mais ansioso por ver Jesus. Toda manhã, Clara se ajoelhava ao lado da cama e passava horas preciosas com seu Salvador amado; no fim do dia, apenas a visão daquele canto de sua

---

[1] A.W. Tozer, *À procura de Deus*, Belo Horizonte: Betânia, 1985.

cama provocava lágrimas de alegria e uma profunda expectativa em relação à manhã seguinte e à oportunidade de se ajoelhar na presença do Senhor.

A vovó Clara fazia com Deus o mesmo que fazemos com as pessoas por quem estamos loucos de amor.

Quando você está mesmo amando alguém, percorre grandes extensões para estar ao lado dessa pessoa amada. Vocês serão capazes de dirigir durante horas para estar juntos, mesmo que seja por um período de tempo muito breve. Não tem problema ficar acordado até tarde da noite, esperando para conversar. Caminhar sob a chuva é romântico, e não desagradável. Você está disposto a gastar uma pequena fortuna com a pessoa a quem ama. Quando os dois estão longe, o coração dói e até se entristece. Você só consegue pensar nela, e pula de alegria quando os dois têm uma oportunidade de ficar juntos.

No livro *God is the Gospel* [Deus é o evangelho], John Piper pergunta, essencialmente, se amamos Deus.

> A pergunta crucial para nossa geração — e para todas as demais — é esta: se você pudesse ter o paraíso, sem doenças e com todos os amigos que já teve na terra, e todas as comidas das quais gosta, e todas as atividades de lazer que aprecia, e todas as belezas naturais que contemplou, e todos os prazeres físicos que experimentou, e nenhum conflito humano ou desastre natural, se satisfaria com tudo isso, caso Cristo não estivesse nesse paraíso?[2]

Quantos leitores deste livro leriam essas palavras e diriam: "Sabe, eu ficaria bem em um lugar assim!"? Se você ama Deus

---

[2] Wheaton: Crossway, 2005, p. 15.

de um modo tão profundo quanto a vovó Clara amava, sabe que jamais se satisfará com um paraíso sem Cristo.

Não force a barra
Meu receio ao escrever o capítulo anterior foi que ele só despertasse em você o medo e a culpa. A experiência pessoal me ensinou que as ações movidas pelo medo e pela culpa não constituem um antídoto para a vida morna, egoísta e displicente. Em vez disso, espero que você se conscientize de que a resposta é *amor*.

A vovó Clara costumava dizer: "Amo o amor". Não é isso que acontece com todos nós? Não ansiamos todos por amor? E não é isso que Deus deseja de nós — que desejemos ardentemente esse relacionamento com ele e todos os relacionamentos baseados em amor genuíno? Não é isso que promove a glória do Senhor — cristãos que *desejam* Deus, e não meros escravos que o servem por obrigação?

> Irmãos, vocês foram chamados para a liberdade. Mas não usem a liberdade para dar ocasião à vontade da carne; ao contrário, sirvam uns aos outros mediante o amor. Toda a Lei se resume num só mandamento: "Ame o seu próximo como a si mesmo".
>
> Gálatas 5:13-14

Você entende o que essa passagem diz? Quando amamos, somos livres! Não temos de nos preocupar com uma carga penosa de mandamentos, pois, quando amamos, não podemos pecar. Você se sente livre em sua vida cristã?

No mesmo capítulo, Paulo escreve: "Porque em Cristo Jesus nem circuncisão nem incircuncisão têm efeito algum, mas sim a fé que atua pelo amor" (v. 6). Será que você vive para amar seu

Deus — e, por extensão, as pessoas? É isso que ser um cristão significa para você? Você vive como se a fé, manifestada por meio do amor, realmente fosse a única coisa que importa?

Durante muito tempo, eu não fazia isso, com certeza. E a maioria das pessoas que eu conhecia tinha o mesmo problema.

Com frequência, há uma grande disparidade entre como nos sentimos em relação à fé e como deveríamos nos sentir. Por que tão poucas pessoas encontram alegria e prazer genuínos em seu relacionamento com Deus? Por que a maioria delas sente que precisa retribuir a Deus por todas as coisas que ele fez por amor ou, de alguma maneira, continuar compensando suas inadequações e falhas (provar que ama)? Por que as palavras do salmo 63:1-5 não são um reflexo sincero de nossa vida, de maneira geral?

> Ó Deus, tu és o meu Deus, eu te busco intensamente; a minha alma tem sede de ti! Todo o meu ser anseia por ti, numa terra seca, exausta e sem água. Quero contemplar-te no santuário e avistar o teu poder e a tua glória. O teu amor é melhor do que a vida! Por isso os meus lábios te exaltarão. Enquanto eu viver te bendirei, e em teu nome levantarei as minhas mãos. A minha alma ficará satisfeita como quando tem rico banquete; com lábios jubilosos a minha boca te louvará.

Viver de uma maneira morna e usar o nome de Cristo ao mesmo tempo é absolutamente odioso para Deus. E se formos sinceros, devemos admitir que isso também não chega a ser muito gratificante nem motivo de alegria para nós.

Entretanto, a solução não é forçar a barra, errar e, em seguida, fazer promessas ainda maiores que serão quebradas novamente. Não faz bem algum tentar acumular amor por Deus, ou seja, se condicionar a amá-lo mais. Quando esse amor pelo

Senhor se torna uma obrigação — uma das tantas coisas que temos de fazer —, acabamos nos concentrando ainda mais em nós mesmos. Não é de admirar que tão poucas pessoas queiram ouvir o que nós mesmos encaramos como uma tarefa chata, imposta pela culpa.

Como escrevi no capítulo anterior, somos chamados para render tudo a Cristo — um conceito que não empolga muito a maioria das pessoas que frequentam a igreja. Sendo assim, o que está faltando? O que há de errado com esse quadro? Estamos tentando nos convencer de que realmente é possível amar Deus, e que isso é mais gratificante que todas as outras coisas? Não acredito nisso.

Socorro! Eu não amo você
Deus quer nos transformar; ele morreu para isso acontecer.

A resposta reside na *permissão* para que ele transforme a sua vida. Lembra-se do conselho divino à igreja morna de Laodiceia? "Eis que estou à porta e bato. Se alguém ouvir a minha voz e abrir a porta, entrarei e cearei com ele, e ele comigo" (Ap 3:20). A recomendação de Deus não foi a de que as pessoas se esforçassem mais, mas que permitissem sua entrada. Como diz Tiago 4:8: "Aproximem-se de Deus, e ele se aproximará de vocês!".

Jesus Cristo não morreu apenas para nos salvar do inferno; ele também morreu para nos livrar de nossa escravidão ao pecado. Em João 10:10, Jesus afirma: "Eu vim para que tenham vida, e a tenham plenamente". Ele não estava falando sobre o futuro. Ele estava falando do agora, desta vida.

O fato é: preciso que Deus me ajude a amá-lo. E, se preciso do amor divino para amar Deus, um ser perfeito, sem dúvida nenhuma preciso da ajuda do Senhor para amar outros seres humanos cheios de falhas. Algo misterioso, sobrenatural mesmo, precisa acontecer para que um amor genuíno por Deus se desenvolva em nosso coração. O Espírito Santo precisa se mover em nossa vida.

É um ciclo notável: nossas orações por mais amor resultam em amor, o que nos leva naturalmente a orar mais, gerando ainda mais amor...

Imagine-se fazendo uma corrida e, ao mesmo tempo, comendo um pacote de jujubas. Além de provocar cansaço e dor na altura da costela, isso também seria quase impossível: é necessário parar de correr para comer as jujubas.

Da mesma maneira, para pecar é preciso parar de amar e buscar Cristo. Quando você está perseguindo o amor, correndo na direção de Cristo, não tem tempo para ficar se perguntando: "Estou fazendo do jeito certo?"; ou: "Será que servi o suficiente esta semana?". Quando você está correndo na direção de Cristo, está liberado para servir, amar e dar graças sem culpa, preocupação ou medo. Enquanto estiver correndo, você está a salvo.

Correr, porém, cansa — se é que estamos correndo do pecado ou da culpa, por causa do medo. (Ou se deixamos de correr por algum tempo.) No entanto, se treinarmos para correr na direção de nosso Refúgio, do próprio Amor, seremos livres — exatamente como fomos chamados para ser.

Quando começamos a nos concentrar mais em Cristo, amá-lo e amar os outros se torna uma coisa mais natural. À medida que o buscamos, nos satisfazemos nele. Quando deixamos de amá-lo ativamente, descobrimos que não temos descanso e estamos gravitando em torno de outros meios de realização pessoal.

Quando leio os salmos, sinto uma intimidade extraordinária que, às vezes, parece inalcançável. Tenho de me lembrar o tempo todo de que os salmos foram escritos por pessoas como eu. Elas desfrutaram uma intimidade com Deus que eu e você também podemos experimentar. Devemos expressar ao Senhor palavras como estas:

> Sou como uma criança recém-amamentada por sua mãe; a minha alma é como essa criança.
>
> Salmos 131:2

> Encheste o meu coração de alegria, alegria maior do que a daqueles que têm fartura de trigo e de vinho. Em paz me deito e logo adormeço, pois só tu, Senhor, me fazes viver em segurança.
>
> Salmos 4:7-8

> Tu me farás conhecer a vereda da vida, a alegria plena da tua presença, eterno prazer a tua direita.
>
> Salmos 16:11

> O Senhor é a minha força e o meu escudo; nele o meu coração confia, e dele recebo ajuda. Meu coração exulta de alegria, e com o meu cântico lhe darei graças.
>
> Salmos 28:7

> Satisfaze-nos pela manhã com o teu amor leal, e todos os nossos dias cantaremos felizes.
>
> Salmos 90:14

> Os teus testemunhos são a minha herança permanente; são a alegria do meu coração.
>
> Salmos 119:111

Não quero que isso pareça enganosamente fácil; os salmos também estão repletos de expressão de dor:

> Ouve a minha oração, Senhor; escuta o meu grito de socorro; não sejas indiferente ao meu lamento.
>
> Salmos 39:12

> Das profundezas clamo a ti, Senhor; ouve, Senhor, a minha voz! Estejam atentos os teus ouvidos as minhas súplicas!
>
> Salmos 130:1-2

Jesus disse: "Neste mundo vocês terão aflições; contudo, tenham ânimo! Eu venci o mundo" (Jo 16:33). A vida não chega a ser perfeita quando você segue Cristo com sinceridade; Jesus disse que você passará por aflições — é quase garantido.

No entanto, ele venceu o mundo. Por isso, anime-se, siga em frente, combata o bom combate, ore o tempo todo e não se esgote. Não há nada melhor que abrir mão de tudo e mergulhar em um relacionamento de amor com Deus, o Senhor do universo que criou as galáxias, as folhas, o riso, a mim e a você.

↓↑

Está bem, digamos que eu acredite que ele venceu o mundo. Até que seu reino venha, o que acontece com o pecado do qual não consigo me livrar? Como fica a minha família tão desestruturada? E quanto ao meu passado? Que tal o câncer de minha avó? E o acidente de carro que matou meu amigo? E o divórcio?

Cada pessoa tem uma lista interminável dessas.

Parece difícil crer na promessa de que nossos problemas "estão produzindo para nós uma glória eterna" em meio a tanta desordem. Soa repetitivo dizer que nossos sofrimentos na terra são "leves e momentâneos", como Paulo escreveu, não é? Os meus problemas não parecem tão leves e momentâneos assim. De vez em quando, eles ameaçam todo o restante da minha vida.

Mesmo assim, Deus nos diz que estamos ficando com a melhor parte; que seremos realmente recompensados de uma maneira que ultrapassa com folga nossas frustrações e dificuldades atuais. E mesmo que sejamos abençoados...

> ... quando os odiarem, expulsarem e insultarem, e eliminarem o nome de vocês, como sendo mau, por causa do Filho do homem [...] Regozijem-se nesse dia e saltem de alegria, porque grande é a sua recompensa no céu. Pois assim os antepassados deles trataram os profetas.
>
> Lucas 6:22-23

> Eles foram convencidos pelo discurso de Gamaliel. Chamaram os apóstolos e mandaram açoitá-los. Depois, ordenaram-lhes que não falassem no nome de Jesus e os deixaram sair em liberdade. Os apóstolos saíram do Sinédrio, alegres por terem sido considerados dignos de serem humilhados por causa do Nome. Todos os dias, no templo e de casa em casa, não deixavam de ensinar e proclamar que Jesus é o Cristo.
>
> Atos 5:40-42

Puxa! Espero que, quando eu estiver passando por uma situação igual a essa, seja capaz de me alegrar, como fizeram os apóstolos. Às vezes, porém, acho que o mais provável seria eu lamentar minha situação e me aborrecer com Deus.

Quando vejo meu relacionamento com Deus como uma obrigação, um sacrifício, *eu* estou tentando ficar com a glória, e não Deus. Fico dizendo: "Vejam só o que tenho sacrificado por Deus...", ou: "Ouçam o que faço por Deus. É difícil, realmente cansativo...".

Em vez disso, quando nos sacrificamos, doamos ou mesmo sofremos, podemos nos regozijar porque temos certeza da recompensa divina. Somos sempre o alvo de suas grandes e diversas dádivas. Não somos nós que as concedemos. Nunca. David Livingston, um missionário que trabalhou na África durante o século XIX, disse certa vez, durante uma palestra a alunos da Universidade de Cambridge, na Inglaterra:

> As pessoas falam do sacrifício que fiz ao passar um tempo tão grande de minha vida na África [...] Eu nunca fiz sacrifício algum. Não podemos falar em "sacrifício" quando nos lembramos do grande sacrifício que fez aquele que deixou o trono do Pai nos céus para se dar por nós.[3]

> O Deus que fez o mundo e tudo o que nele há é o Senhor dos céus e da terra, e não habita em santuários feitos por mãos humanas. Ele não é servido por mãos de homens, como se necessitasse de algo, porque ele mesmo dá a todos a vida, o fôlego e as demais coisas.
>
> Atos 17:24-25

A Bíblia diz que, quando obedecemos aos mandamentos de Deus, somos beneficiados com isso. Presumimos naturalmente que, se cuidarmos de nossos interesses e de nossas preocupações, seremos felizes. Mas as pessoas que se sacrificam por outras

---

[3] Discurso de 4 de dez. de 1857.

podem dizer que os períodos de entrega são os mais gratificantes de sua vida.

Acontece que a Bíblia está certa — "Há maior felicidade em dar do que em receber" (At 20:35). As pessoas geralmente encontram maior alegria na doação liberal que na autoindulgência. A respeito disso, o dramaturgo George Bernard Shaw escreveu:

> Essa é a verdadeira alegria da vida: ser usado para um propósito que a pessoa reconhece como algo de grande valor; ser uma força da natureza, em vez de uma criatura mesquinha, egoísta, cheia de reservas e queixumes, reclamando porque o mundo não se dá ao trabalho de fazê-la mais feliz.

Deus é o único Doador verdadeiro, e ele não precisa de nós para nada. Mesmo assim, ele nos quer. Ele nos deu vida para que pudéssemos buscá-lo e conhecê-lo.

Jesus: servo, não mendigo

Em Malaquias 1:11, Deus afirma: "Pois do oriente ao ocidente, grande é o meu nome entre as nações. Em toda parte incenso é queimado e ofertas puras são trazidas ao meu nome, porque grande é o meu nome entre as nações...".

Deus diz aos sacerdotes que, se não desejam dar a ele a majestade que lhe é devida, outros o farão. Ele diz que seu nome é grande entre as nações. Neste exato momento, 100 milhões de anjos estão louvando o nome do Senhor; ele certamente não precisa pedir ou implorar que o façamos. Nós é que deveríamos implorar pelo privilégio de louvá-lo em sua presença.

Mais adiante, em Malaquias 3:10, recebemos uma promessa incrível de Deus: "'Tragam o dízimo todo ao depósito do templo, para que haja alimento em minha casa. Ponham-me à prova', diz o Senhor dos Exércitos, 'e vejam se não vou abrir as comportas dos céus e derramar sobre vocês tantas bênçãos que nem terão onde guardá-las'".

Essa é a única parte da Bíblia na qual Deus propõe que seu povo o ponha à prova, que tente excedê-lo em generosidade. Ele sabe que isso é impossível, que ninguém pode superar aquele por meio de quem todas as coisas foram criadas. Deus sabe que as pessoas perceberão como dão "apenas [...] o que vem das tuas mãos" (1Cr 29:14). Nada me fortalece mais a fé que ver como Deus abençoa o que lhe devolvo, o que rendo a seus pés.

Se você realmente deseja desfrutar a provisão sobrenatural de Deus, então faça o que ele diz. Prove-o. Ofereça mais do que pode administrar e veja como ele responde.

Quando nos concentramos em amar Cristo, isso não significa que fazemos menos. Eu costumava fazer muitas coisas iguais às que faço agora, mas minha motivação era a culpa ou o medo das consequências. Quando trabalhamos para Cristo por obrigação, *parece* trabalho, mas, se amamos Jesus de fato, nosso trabalho é uma manifestação desse amor, e se parece mesmo com amor.

Na realidade, nenhum de nós jamais será digno de nada. É inútil tentar conquistar essas coisas; você jamais se sentirá em condições de fazê-lo. É imprevisível e incômodo. Mas existe mesmo um Deus que perdoa tudo e ama para sempre.

Alguém com quem posso ser sincero
Se você apenas finge que ama ou tem prazer em Deus, ele sabe. Não dá para enganá-lo; é bobagem tentar.

Em vez disso, diga ao Senhor como você se sente. Diga que ele não é a coisa mais importante em sua vida, e que você lamenta. Fale que você tem sido uma pessoa morna, que tem sistematicamente escolhido_____ em detrimento dele.

Declare que você quer ser transformado por Deus, que anseia por ter prazer genuíno no Senhor. Conte como deseja sentir a verdadeira satisfação e alegria em seu relacionamento com ele. Diga ao Senhor que você quer amá-lo mais que qualquer outra coisa neste mundo, e que valoriza de tal forma o reino dos céus que seria capaz de vender tudo sem hesitar para alcançá-lo. Revele as coisas que você gosta em Deus, o que mais aprecia e proporciona alegria.

Jesus, eu preciso me entregar ao senhor. Não sou forte o suficiente para amá-lo e andar ao seu lado por esforço próprio. Não sou capaz, e preciso do senhor. Preciso de modo profundo e desesperado. Acredito que vale a pena, que o senhor é melhor que qualquer outra coisa nesta vida ou na vindoura. Eu quero o senhor, e, quando isso não acontecer, quero querê-lo. Seja tudo em minha vida. Tome tudo o que há em mim. Faça o que o senhor quiser comigo.

CAPÍTULO 7

O melhor da vida... mais tarde

A esta altura, você provavelmente já percebeu que tem uma escolha distinta a fazer: deixar a vida acontecer, o que corresponde a servir apenas os restos a Deus, ou seguir ativamente na direção de Jesus Cristo.

Você reconhece a tolice que há em buscar realização fora dele? Entende que é impossível agradar o Senhor de qualquer outra maneira além de uma entrega total e sincera a ele? Consegue captar a beleza e a alegria profundas de caminhar em intimidade genuína com Deus, nosso santo Pai e Amigo? O que você mais deseja: ver Deus ou ter uma garantia de segurança pessoal?

Talvez você tenha respondido "sim" a essas questões, mas ainda se pergunta o que pode ser comparado, quais são as alternativas ao conceito de seguir a correnteza ou descer com a escada rolante. Como lhe parece a ideia de seguir na direção de Cristo e perseguir o amor do Salvador na vida cotidiana?

O melhor lugar que conheço para ver sobre essas coisas é nas Escrituras; nelas, reunimos a sabedoria e estudamos os exemplos daqueles que seguiram o Senhor com sinceridade. A melhor passagem é, provavelmente, Hebreus 11, um capítulo que costuma ser chamado de "galeria da fé". É tentador presumir que as pessoas listadas ali eram super-homens ou supersantos, e que eu e você nunca seríamos capazes de fazer as mesmas coisas que eles faziam.

Você sabia que Abraão temeu por sua segurança e, por isso, mentiu a respeito de sua esposa, Sara, dizendo que ela era irmã dele... duas vezes? Pense em Jacó, que roubou o direito de primogenitura de Esaú, enganou o pai para receber a bênção e, em seguida, fugiu com medo do irmão.

Sabia que Moisés foi um assassino e que tinha tanto medo de falar em público que Deus teve de mandar o irmão dele, Arão, para ser seu porta-voz? Também em Hebreus 11 vemos Raabe, que fazia parte dos gentios e era uma mulher (naquele tempo, uma séria desvantagem), sem falar que se tratava de uma prostituta! Em seguida, temos Sansão, que tinha tantos problemas que nem sei por onde começar. E, é claro, Davi, um "homem segundo o coração de Deus", que foi adúltero e assassino, e cujos filhos eram maus e fora de controle.

Essas pessoas estavam bem longe da perfeição, e ainda assim tiveram fé em um Deus que foi capaz de realizar sua vontade em situações aparentemente tenebrosas. Noé, por exemplo, "pela fé [...] quando avisado a respeito de coisas que ainda não se viam, movido por santo temor, construiu uma arca para salvar sua família. Por meio da fé ele condenou o mundo e tornou-se herdeiro da justiça que é segundo a fé" (Hb 11:7).

Noé passou 120 anos construindo uma arca e alertando as outras pessoas a respeito do julgamento iminente. Suponhamos que o dilúvio jamais ocorresse — Noé teria sido o maior motivo de chacota do mundo. Ter fé geralmente significa fazer o que os outros consideram loucura. Alguma coisa está errada quando nossa vida faz sentido para aqueles que não creem.

Então chegamos a Abraão. Hebreus 11:17-19 diz:

Pela fé Abraão, quando Deus o pôs à prova, ofereceu Isaque como sacrifício. Aquele que havia recebido as promessas estava a ponto de sacrificar o seu único filho, embora Deus lhe tivesse dito: "Por meio de Isaque a sua descendência será considerada". Abraão levou em conta que Deus pode ressuscitar os mortos e, figuradamente, recebeu Isaque de volta dentre os mortos.

A esperança de Abraão residia na capacidade que Deus tem de ressuscitar os mortos. E se Deus não tivesse impedido Abraão de sacrificar o filho? Imagine o que seria estar diante do filho depois de matá-lo? O que passaria por sua mente enquanto estivesse fazendo o sepultamento? Será que conseguiria seguir com a vida sendo chamado de "assassino insano" por todas as pessoas? Essas teriam sido as consequências dos atos de Abraão se Deus não tivesse realizado a vontade dele. Mas ele realizou.

Por fim, pense sobre os mártires. Hebreus 11:35-38 relata:

> Uns foram torturados e recusaram ser libertados, para poderem alcançar uma ressurreição superior; outros enfrentaram zombaria e açoites; outros ainda foram acorrentados e colocados na prisão, apedrejados, serrados ao meio, postos à prova, mortos ao fio da espada. Andaram errantes, vestidos de pele de ovelhas e de cabras, necessitados, afligidos e maltratados. O mundo não era digno deles. Vagaram pelos desertos e montes, pelas cavernas e grutas.

Se a eternidade não chegasse e Deus não existisse, então, como Paulo diz, "se é somente para esta vida que temos esperança em Cristo, somos, de todos os homens, os mais dignos de compaixão" (1Co 15:19). Se Deus não existisse, então Paulo e todos os mártires ao longo da História tiveram uma existência breve e cheia de sofrimento desnecessário (2Co 6:4-10).

No entanto, como Deus *é* uma realidade, Paulo e os mártires deveriam ser invejados mais que todas as pessoas; o sofrimento deles valeu a pena. Se nos permitirmos viver para Deus sem preocupações com as coisas deste mundo, então também veremos sua glória. Nós testemunharemos a realização do impossível.

Os cristãos de hoje em dia gostam de segurança. Só queremos nos ver em situações nas quais estejamos a salvo "mesmo que Deus não exista". Mas, se desejamos agradar o Senhor de fato, não podemos viver dessa maneira. Temos de fazer coisas difíceis durante nossa vida na terra, mas que valerão muito a pena na eternidade.

Como afirma Hebreus 11, o Deus a quem as pessoas de fé serviram é o mesmo a quem servimos. Conforme o texto de Tiago 5:17, "Elias era humano como nós". Quando você ora, suas orações são ouvidas pelo mesmo Deus que respondeu à oração de Moisés por água no deserto, o Deus que concedeu a Abraão e sua esposa infértil um filho, e o Deus que transformou o escravo José no homem mais poderoso do Egito, depois do faraó.

↓↑

O exemplo definitivo de sacrifício e rendição é, naturalmente, o de Jesus Cristo. Ele tinha tudo e, ainda assim, optou por render todas as coisas por amor ao Pai. Nossa atitude deveria ser a mesma de Cristo...

> ... que, embora sendo Deus, não considerou que o ser igual a Deus era algo a que devia apegar-se; mas esvaziou-se a si mesmo, vindo a ser servo, tornando-se semelhante aos homens. E, sendo

encontrado em forma humana, humilhou-se a si mesmo e foi obediente até a morte, e morte de cruz! Por isso Deus o exaltou à mais alta posição e lhe deu o nome que está acima de todo nome, para que ao nome de Jesus se dobre todo joelho, nos céus, na terra e debaixo da terra, e toda língua confesse que Jesus Cristo é o Senhor, para a glória de Deus Pai.

Filipenses 2:6-11

João nos diz claramente que "aquele que afirma que permanece nele, deve andar como ele andou" (1Jo 2:6). Você está disposto a abrir mão de tudo? Está pronto a assumir a própria natureza de servo? A ser obediente até a morte? Se sua resposta sincera a essas perguntas for "sim", de que maneira essas intenções se manifestam em sua vida?

Em Mateus 25, encontramos um quadro assustador do julgamento vindouro. Nessa passagem, Cristo condena as pessoas à punição eterna porque elas não se importaram com ele enquanto viveram na terra. "Pois eu tive fome, e vocês não me deram de comer; tive sede, e nada me deram para beber; fui estrangeiro, e vocês não me acolheram; necessitei de roupas, e vocês não me vestiram; estive enfermo e preso, e vocês não me visitaram" (v. 42-43).

A pessoa condenada protesta, dizendo que nunca viu Cristo em nenhuma dessas condições de necessidade, e ele responde: "Digo-lhes a verdade: O que vocês deixaram de fazer a alguns destes mais pequeninos, também a mim deixaram de fazê-lo" (v. 45).

Ai. Para mim, isso é como um tapa forte e inesperado na face. Como muitos de vocês, por inúmeras vezes ouvi essa passagem sendo ensinada. Ficava convencido, mas não a interpretava ao pé da letra. Costumamos vê-la como uma nova perspectiva a respeito da pobreza, e não como uma imagem literal do julgamento vindouro.

Como a minha vida mudaria se eu realmente pensasse em cada pessoa que vejo e conheço como Cristo? Falo do sujeito dirigindo muito devagar na minha frente, o caixa do mercado que parece mais interessado em conversar do que em fechar as minhas compras, o membro de minha família com quem não consigo conversar sem perder a paciência.

Se cremos, como Jesus disse, que os dois maiores mandamentos são "amar o Senhor nosso Deus com todo o nosso coração, toda a nossa alma e toda a nossa mente" e "amar o próximo como a nós mesmos", então essa passagem tem muito a nos ensinar. Basicamente, Cristo está unindo o mandamento para "amar Deus" com o mandamento para "amar o próximo". Ao amar os "mais pequeninos", estamos amando o próprio Deus.

Nesse mesmo capítulo de Mateus, Jesus abençoa algumas pessoas pelo que elas fizeram. Confusas, elas perguntam: "Senhor, quando te vimos com fome e te demos de comer, ou com sede e te demos de beber? Quando te vimos como estrangeiro e te acolhemos, ou necessitado de roupas e te vestimos? Quando te vimos enfermo ou preso e fomos te visitar?" (v. 37-39).

A resposta dele é surpreendente: "O Rei responderá: 'Digo-lhes a verdade: O que vocês fizeram a algum dos meus menores irmãos, a mim o fizeram'" (v. 40). Jesus está dizendo que demonstramos um amor tangível por Deus na maneira de cuidarmos dos pobres e daqueles que estão passando por sofrimento. Ele espera que tratemos os pobres e os desesperados como se fossem o próprio Cristo.

Faça a si esta pergunta: se eu realmente visse Jesus passando fome, o que faria por ele?

Nisto conhecemos o que é o amor: Jesus Cristo deu a sua vida por nós, e devemos dar a nossa vida por nossos irmãos. Se alguém tiver recursos materiais e, vendo seu irmão em necessidade, não se compadecer dele, como pode permanecer nele o amor de Deus? Filhinhos, não amemos de palavra nem de boca, mas em ação e em verdade. Assim saberemos que somos da verdade; e tranquilizaremos o nosso coração diante dele quando o nosso coração nos condenar.

1João 3:16-20

Nessa passagem, vemos que João questiona se é possível a uma pessoa ter mesmo o amor de Deus dentro dela se não tem compaixão pelos pobres. Ele usa como exemplo o amor de Cristo, que se manifesta por meio do sacrifício da própria vida.

Deus não nos deu sobras; ele ofereceu o melhor que tinha. Ele deu a si mesmo. João está dizendo que, no que se refere a nós, a coisa não é diferente: o verdadeiro amor exige sacrifício. E nosso amor é demonstrado por nossa maneira de viver: "... não amemos de palavra nem de boca, mas em ação e em verdade".

Uma das maneiras mais evidentes de amar "em ação e em verdade" é doando aos outros. Com "doar", não me refiro apenas a dinheiro, embora ele também seja um elemento importante.

Outro fator de grande importância no ato da doação é o nosso tempo. A maioria das pessoas costuma viver tão ocupada que a simples ideia de acrescentar mais um item à lista de afazeres semanais já é cansativa. Em vez de juntar mais uma tarefa à vida, talvez Deus queira que entreguemos a ele todo o nosso tempo, permitindo que ele o oriente da maneira que achar mais conveniente. Um dos versículos mais lembrados em toda a Bíblia diz: "Porque Deus tanto amou o mundo que deu o seu Filho

Unigênito, para que todo o que nele crer não pereça, mas tenha a vida eterna" (Jo 3:16). Nele, vemos a ligação explícita entre o amor e a doação.

Doar sem ser motivado pelo amor é perda de tempo. Paulo diz que, com esse tipo de doação, não temos ganho algum; no entanto, quando doamos por amor, o ganho é grande. Doar não gera apenas recompensas celestiais; também proporciona grande alegria em nossa vida, aqui e agora. À medida que amamos com mais sinceridade e profundidade, doar se torna uma reação óbvia e natural. Ganhar e reter para si se torna algo pouco atrativo e imprudente.

Lembra-se da história na qual Jesus alimentou milhares de pessoas apenas com o lanche de um garoto? Naquele relato, segundo Mateus, Jesus entregou os pães aos discípulos e, em seguida, eles o repassaram à multidão. Imagine se os discípulos tivessem simplesmente guardado para si a comida que Jesus os entregara, agradecendo o tempo todo a Deus por lhes providenciar o alimento. Teria sido uma estupidez, já que havia comida suficiente para alimentar os milhares que estavam reunidos e tinham fome.

Não obstante, é exatamente isso que fazemos quando deixamos de doar com liberalidade e alegria. Temos tantas coisas boas, mais do que poderíamos precisar, enquanto outros estão desesperados por um pãozinho. As coisas boas às quais nos apegamos não se limitam ao dinheiro; acumulamos recursos e bens, retemos nosso tempo, nossa família, nossos amigos. Quando começamos a tornar a doação um hábito, vemos que, diante da abundância do que Deus nos dá, é ridículo nos apegarmos a essas coisas e repetirmos mecanicamente a palavra "obrigado".

O apóstolo Paulo trata desse assunto da doação à luz das desigualdades entre os primeiros cristãos:

> Nosso desejo não é que outros sejam aliviados enquanto vocês são sobrecarregados, mas que haja igualdade. No presente momento, a fartura de vocês suprirá a necessidade deles, para que, por sua vez, a fartura deles supra a necessidade de vocês. Então haverá igualdade, como está escrito: "Quem tinha recolhido muito não teve demais, e não faltou a quem tinha recolhido pouco".
>
> 2Coríntios 8:13-15

Paulo estava pedindo aos cristãos em Corinto que fizessem doações aos santos de Jerusalém que viviam na pobreza. O objetivo era que ninguém tivesse em excesso ou passasse necessidade. Esse conceito é bem estranho à cultura moderna, na qual somos ensinados a cuidar de nossos interesses, e assim seremos recompensados.

O abismo é tão grande em nosso mundo que temos de *pegar leve* em passagens como Lucas 12:33: "Vendam o que têm e deem esmolas". Como posso passar por uma cabana de sapê e entrar em minha casa de quase 200 metros quadrados sem fazer nada para mudar essa diferença? O conceito de redução de posses para que outros possam progredir é bíblico, lindo... e quase desconhecido. Se não diminuirmos esse abismo, não estaremos interpretando a Bíblia da maneira correta.

Ouse imaginar as implicações em sua vida, caso levasse as palavras de Jesus a sério. Tente pensar em seus filhos vivendo na pobreza, sem ter o que comer. Ouse crer que aqueles são mesmo seus irmãos e suas irmãs passando por necessidade.

Jesus disse: "Pois quem faz a vontade de meu Pai que está nos céus, este é meu irmão, minha irmã e minha mãe" (Mt 12:50). Você crê nisso? Vive de acordo com esse versículo?

Depois de ouvir a pregação sobre essa verdade, um sujeito em minha igreja doou a própria casa à congregação e mudou-se com os pais. Ele me disse que terá uma casa melhor no céu, e que não faria a menor diferença o lugar onde moraria durante a vida aqui na terra. Ele está vivendo de acordo com aquilo em que crê.

Sonhe um pouco com o que isso significa para você. Talvez até funde um movimento chamado Aspiração pela Média, segundo o qual as pessoas se comprometem a viver com a mesma média salarial dos Estados Unidos (46 mil dólares em 2006) e doar todo o restante. Não intimida pensar em doar de maneira tão radical e liberal?

Quero compartilhar uma história com você. É provável que qualquer pessoa que já tenha pensado na passagem bíblica que diz: "Ponham-me à prova [...] e vejam se não [...] derramar sobre vocês tantas bênçãos que nem terão onde guardá-las" (Ml 3:10) faça um relato semelhante.

Um amigo meu estava entregando fielmente 20% de sua renda a Deus. De repente, seu salário caiu drasticamente. Ele sabia que tinha de decidir se continuaria entregando o dinheiro de uma forma que comprovava sua confiança em Deus. Não seria errado baixar para 10%, mas meu amigo optou por aumentar para 30%, apesar da redução de sua renda.

Talvez você possa imaginar como termina essa história. Deus abençoou aquele homem de fé e concedeu a ele mais do que o suficiente, mais do que precisava. Meu amigo experimentou a realidade da provisão divina.

Quando a coisa está difícil e você tem alguma dúvida, entregue mais. Ou, como está escrito em Deuteronômio 15:10: "Dê-lhe generosamente, e sem relutância no coração; pois, por isso, o SENHOR, o seu Deus, o abençoará em todo o seu trabalho e em tudo o que você fizer".

Talvez você tenha feito muitos sacrifícios. Se isso aconteceu, então já viu que, em certo sentido, vai ficando cada vez mais fácil, não é? Você testemunhou os benefícios da doação e recebeu a bênção por isso. Mas também fica cada vez mais difícil. A tentação de nivelar por baixo aumenta a cada ano. O orgulho diz que você se sacrificou mais que os outros. O medo avisa que está na hora de se preocupar com o futuro. Os amigos falam que você já doou o suficiente, e que agora é a vez de outra pessoa fazer isso.

Jesus, porém, manda prosseguir, e assim você verá mais de Deus. Acreditamos mesmo que "o labor de cada dia é se preparar para o dia final"?[1]

Quando Jesus enviou os doze discípulos, ele os orientou: "Não levem nada pelo caminho: nem bordão, nem saco de viagem, nem pão, nem dinheiro, nem túnica extra" (Lc 9:3). Por que você acha que ele disse isso? Por que não permitir que eles corressem em casa para buscar alguns suprimentos? Por que não deixá-los levar algum dinheiro para uma emergência?

Jesus estava obrigando seus discípulos a confiar nele. Deus teria de tomar todas as providências necessárias para o sustento deles, pois não tinham nada mais em que confiar.

Esse espaço da confiança não é dos mais confortáveis; na verdade, ele contraria tudo quanto aprendemos sobre planejamento apropriado. Gostamos mais de encontrar refúgio naquilo que já temos do que na providência de Deus. Mas, quando Cristo nos manda pagar o preço de segui-lo, isso quer dizer que devemos entregar todas as coisas. Significa estar disposto a sair por aí sem uma muda de roupa extra, sem um lugar certo para dormir à noite e, às vezes, sem saber para onde se está indo.

---

[1] Atribuído a Matthew Henry, clérigo inglês.

Deus deseja que confiemos plenamente nele. Ele quer nos mostrar como opera e cuida de nós. Ele quer ser nosso refúgio.

↓↑

Caminhar em intimidade genuína e rendição total a Deus requer uma grande fé. Hebreus 11:6 afirma: "Sem fé é impossível agradar a Deus, pois quem dele se aproxima precisa crer que ele existe e que recompensa aqueles que o buscam".

Há muito tempo, quando eu ainda cursava o seminário, um professor perguntou a nossa turma: "O que vocês estão fazendo neste momento que exige fé?". Aquela pergunta me afetou profundamente porque, naquele momento, eu não conseguia me lembrar de nada em minha vida que exigisse fé. Era bem provável que eu vivesse de maneira não muito diferente se não acreditasse em Deus; minha vida não era orientada nem afetada por minha fé, como eu achava que era. Além disso, quando eu olhava em volta, percebia que estava cercado por pessoas que viviam do mesmo jeito.

A vida é confortável quando uma pessoa se separa das outras que são diferentes dela. Isso resume como era a minha vida: caracterizada pelo conforto.

Contudo, Deus não nos chama para viver no conforto. Ele nos convoca a confiar nele de modo tão completo que perdemos o medo de passar por situações arriscadas.

Embora o capítulo 58 de Isaías tenha sido escrito há milhares de anos, ele fala de maneira poderosa ainda hoje. Sei que é um texto longo, mas garanto que a leitura vale a pena.

"Pois dia a dia me procuram; parecem desejosos de conhecer os meus caminhos, como se fossem uma nação que faz o que é direito e que não abandonou os mandamentos do seu Deus. Pedem-me decisões justas e parecem desejosos de que Deus se aproxime deles. 'Por que jejuamos', dizem, 'e não o viste? Por que nos humilhamos, e não reparaste?'

Contudo, no dia do seu jejum vocês fazem o que é do agrado de vocês, e exploram os seus empregados. Seu jejum termina em discussão e rixa, e em brigas de socos brutais. Vocês não podem jejuar como fazem hoje e esperar que a sua voz seja ouvida no alto. Será esse o jejum que escolhi, que apenas um dia o homem se humilhe, incline a cabeça como o junco e se deite sobre pano de saco e cinzas? É isso que vocês chamam jejum, um dia aceitável ao SENHOR?

O jejum que desejo não é este: soltar as correntes da injustiça, desatar as cordas do jugo, pôr em liberdade os oprimidos e romper todo jugo? Não é partilhar sua comida com o faminto, abrigar o pobre desamparado, vestir o nu que você encontrou, e não recusar ajuda ao próximo? Aí sim, a sua luz irromperá como a alvorada, e prontamente surgirá a sua cura; a sua retidão irá adiante de você, e a glória do SENHOR estará na sua retaguarda. Aí sim, você clamará ao SENHOR, e ele responderá; você gritará por socorro, e ele dirá: Aqui estou.

Se você eliminar do seu meio o jugo opressor, o dedo acusador e a falsidade do falar; se com renúncia própria você beneficiar os famintos e satisfizer o anseio dos aflitos, então a sua luz despontará nas trevas, e a sua noite será como o meio-dia. O SENHOR o guiará constantemente; satisfará os seus desejos numa terra ressequida pelo sol e fortalecerá os seus ossos. Você será como um jardim bem regado, como uma fonte cujas águas nunca faltam. Seu povo reconstruirá as velhas ruínas e restaurará os alicerces antigos; você será chamado reparador de muros, restaurador de ruas e moradias.

Se você vigiar seus pés para não profanar o sábado e para não fazer o que bem quiser em meu santo dia; se você chamar delícia o sábado e honroso o santo dia do Senhor, e se honrá-lo, deixando de seguir seu próprio caminho, de fazer o que bem quiser e de falar futilidades, então você terá no Senhor a sua alegria, e eu farei com que você cavalgue nos altos da terra e se banqueteie com a herança de Jacó, seu pai." É o Senhor quem fala.

No versículo 10, a passagem que diz: "... se com renúncia própria..." chama mais a minha atenção do que as promessas impressionantes que se lê em seguida. Ela me lembra da parábola dos talentos, em Mateus 25, na qual os servos são recompensados de acordo com aquilo que fizeram com o que receberam. Não parece importar o fato de um ter recebido cinco talentos e o outro, dois. Ambos os servos se revelaram fiéis com aquilo que o amo lhes confiou, e, como resultado disso, foram recompensados de modo liberal.

Da mesma forma, cada um de nós recebe diferentes dons e talentos concedidos pelo Senhor. O que mais importa é como usamos o que recebemos, e não quanto ganhamos ou o que fazemos em comparação aos outros. O mais importante é que nos entreguemos. "Filhinhos, agora permaneçam nele para que, quando ele se manifestar, tenhamos confiança e não sejamos envergonhados diante dele na sua vinda" (1Jo 2:28).

⇅ CAPÍTULO 8

Perfil do obsessivo

Obsessivo: "*Que ou aquele que sofre de obsessão ou neurose obsessiva*".[1]

A ideia de reter as coisas certamente não é bíblica. A Palavra de Deus nos ensina a ser consumidos por Cristo e pôr fielmente em prática suas palavras. O Espírito Santo nos proporciona alegria e paz quando nos concentramos em Jesus, vivendo pela fé e focados na vida por vir.

Gente que ama
Às vezes, achamos que, se somos bons, as pessoas saberão que somos cristãos e desejarão saber mais sobre Jesus. Mas não é bem assim que funciona. Conheço muita gente boa que não conhece Cristo —, aliás, são pessoas mais legais e divertidas que muitos cristãos por aí.

Nossa fé não se resume a amizade, educação e até gentileza. Jesus nos ensina no evangelho de Lucas:

---

[1] *Dicionário Houaiss da língua portuguesa*, versão *online*, 2ª def.

> Que mérito vocês terão, se amarem aos que os amam? Até os "pecadores" amam aos que os amam. E que mérito terão, se fizerem o bem àqueles que são bons para com vocês? Até os "pecadores" agem assim. E que mérito terão, se emprestarem a pessoas de quem esperam devolução? Até os "pecadores" emprestam a "pecadores", esperando receber devolução integral. Amem, porém, os seus inimigos, façam-lhes o bem e emprestem a eles, sem esperar receber nada de volta. Então, a recompensa que terão será grande e vocês serão filhos do Altíssimo, porque ele é bondoso para com os ingratos e maus. Sejam misericordiosos, assim como o Pai de vocês é misericordioso.
>
> Lucas 6:32-36

A verdadeira fé é amar uma pessoa depois que ela nos magoa. O verdadeiro amor nos distingue.

Em outubro de 2006, perto de Lancaster, na Pennsylvania, um homem atacou uma escola da comunidade *amish* e matou várias meninas. No dia seguinte ao tiroteio, muitos *amish* visitaram a família do atirador para dizer que o haviam perdoado. Esse tipo de perdão não pode ser compreendido pelo mundo. Por causa disso, aquelas famílias foram acusadas de não amar os filhos, de não saber lidar com a raiva e de viver uma mentira.

É exatamente esse tipo de amor que o mundo considera uma loucura: o amor verdadeiro, um tipo de amor que não se pode encontrar em lugar algum. Só em Cristo.

Temos o mandamento de amar nossos inimigos e fazer o bem a eles. Quem são os nossos inimigos? Ou, em termos que nos são mais acessíveis, quem são as pessoas a quem evitamos ou que nos evitam? Quem são aqueles que magoaram você, seus amigos ou seus filhos? Você está disposto a fazer o bem a essa gente? A alcançá-la com amor e perdão?

Geralmente, minha primeira reação quando alguém faz alguma coisa comigo — ou pior, com minha esposa ou um de meus filhos — é a retaliação. Não *quero* abençoar aqueles que magoam a mim ou às pessoas a quem amo. Eu não teria muita disposição de perdoar alguém que entrasse na escola de minha filha e atirasse nela e em outras crianças.

No entanto, é exatamente isso que Cristo nos pede para fazer. Ele nos manda dar sem esperar nada em troca.

Ainda em Lucas, Jesus diz:

> Quando você der um banquete ou jantar, não convide seus amigos, irmãos ou parentes, nem seus vizinhos ricos; se o fizer, eles poderão também, por sua vez, convidá-lo, e assim você será recompensado. Mas, quando der um banquete, convide os pobres, os aleijados, os mancos, e os cegos. Feliz será você, porque estes não têm como retribuir. A sua recompensa virá na ressurreição dos justos.
>
> Lucas 14:12-14

Você já fez alguma coisa assim? É capaz de doar àqueles que não podem retribuir? Àqueles que o prejudicariam, se pudessem? Àqueles que já o prejudicaram em algum momento? Esse é o amor de Cristo. Ele nos deu algo que *nunca* seremos capazes de retribuir, e depois nos pediu que fizéssemos o mesmo em relação às outras pessoas.

Frederick Buechner escreveu em *The Magnificent Defeat* [A magnífica derrota]:

> O amor pelo semelhante é humano — o amor do amigo pelo amigo, do irmão pelo irmão. É amar o que merece e gera amor. O mundo sorri. O amor pelo menos afortunado é uma coisa

muito bonita — amor por aqueles que sofrem, pelos pobres, pelos doentes, pelos fracassados, pelos rejeitados. Isso é compaixão e mobiliza o coração de todas as pessoas. O amor pelos mais afortunados é coisa rara — amar aqueles que alcançaram o sucesso onde fracassamos, alegrar-se sem inveja com aqueles que se alegram, o amor do pobre pelo rico, do homem negro pelo branco. Os santos do mundo sempre o confundem. E então há o amor pelo inimigo — amor por aquele que não ama você, mas escarnece, ameaça e inflige sofrimento. O amor do torturado pelo algoz. Esse é o amor de Deus. Ele é capaz de conquistar o mundo.[2]

> Pessoas *obcecadas* por Jesus doam com liberdade e liberalidade, sem restrição. Pessoas obcecadas amam aqueles que as odeiam e que são incapazes de retribuir esse amor.

Gente que assume riscos

É possível que todos nós já tenhamos feito esta oração: "Senhor, oramos por segurança em nossa viagem. Pedimos que ninguém se machuque no trajeto. Por favor, mantenha todos a salvo até nosso retorno, e traga-nos de volta em segurança. Em nome de Jesus, oramos, amém". Pode ser que as palavras variem um pouquinho, mas é essa a oração-padrão que fazemos antes de partir em viagens missionárias, retiros, férias e viagens de negócios.

Somos consumidos pela segurança. Na verdade, somos obcecados por ela. Ora, não estou dizendo que seja errado orar pela proteção de Deus, mas questiono a partir de quando fizemos da segurança nossa maior prioridade. Valorizamos a questão da segurança a ponto de ne-

---

[2] New York: The Seabury Press, 1966.

gligenciar o que Deus tem para nos dar, por melhor que seja; ou aquilo que mais glória traria ao nome do Senhor; ou mesmo as coisas que fariam cumprir os propósitos divinos em nossa vida e no mundo.

Pense se você estaria disposto a orar desta maneira: "Deus, me leve para mais perto do senhor durante essa viagem, seja qual for a sua vontade".

> Pessoas *obcecadas* por Jesus não se deixam consumir por sua necessidade de segurança e conforto, nem põem essas coisas acima de todas as demais. Pessoas obcecadas se preocupam mais com a vinda do reino de Deus a esta terra que com proteções contra o sofrimento e a angústia.

Gente amiga

Há algum tempo, tive uma manhã livre, por isso resolvi ir à loja e comprar algumas coisas para doar àqueles que tinham mais necessidade do que eu. Era uma boa ideia, algo que eu desejava tornar, cada vez mais, uma característica de minha vida.

Foi constrangedor.

Percebi que todas as pessoas a quem eu conhecia tinham o suficiente; que eu não conhecia um bocado de gente em real situação de necessidade; e que eu precisava mudar aquela situação. Eu tinha de ir e deliberadamente conhecer pessoas que não viviam como eu nem pensam como penso; gente que nunca me retribuiria. Para o bem delas, mas também para o meu.

O texto de 1Timóteo 6:6-12 afirma que não devemos ser controlados pelo dinheiro, nem devemos correr atrás dele:

> De fato, a piedade com contentamento é grande fonte de lucro, pois nada trouxemos para este mundo e dele nada podemos

levar; por isso, tendo o que comer e com que vestir-nos, estejamos com isso satisfeitos. Os que querem ficar ricos caem em tentação, em armadilhas e em muitos desejos descontrolados e nocivos, que levam os homens a mergulharem na ruína e na destruição, pois o amor ao dinheiro é a raiz de todos os males. Algumas pessoas, por cobiçarem o dinheiro, desviaram-se da fé e se atormentaram com muitos sofrimentos. Você, porém, homem de Deus, fuja de tudo isso e busque a justiça, a piedade, a fé, o amor, a perseverança e a mansidão. Combata o bom combate da fé. Tome posse da vida eterna, para a qual você foi chamado e fez a boa confissão na presença de muitas testemunhas.

> Pessoas *obcecadas* por Jesus estão sempre ligadas ao que acontece com os pobres, de um jeito ou de outro. Pessoas obcecadas acreditam que Jesus falava tanto sobre dinheiro e os pobres porque era algo realmente importante para ele (1Jo 2:4-6; 16:24-26).

Gente louca
Às vezes, acho que, quando tomo decisões minimamente bíblicas, as pessoas que se dizem cristãs são as primeiras a criticar e dizer que sou maluco, que estou interpretando a Bíblia muito ao pé da letra ou que não estou pensando no bem-estar de minha família.

Por exemplo, quando voltei de minha primeira viagem à África, senti que deveríamos vender nossa casa e nos mudar para alguma coisa menor para termos mais para doar. As respostas que obtive foram nesta linha: "Não é justo com seus filhos";

"Não é uma escolha financeira prudente"; e: "Você só está fazendo isso para aparecer". Não me lembro de uma pessoa sequer que tenha me incentivado a prosseguir ou que apoiasse a decisão naquela época.

Acabamos nos mudando para uma casa com a metade do tamanho da anterior, e não nos arrependemos. Minha resposta aos cínicos, no contexto da eternidade, foi esta: "Sou eu o maluco por vender minha casa? Ou são *vocês* por não doarem mais, servirem mais, estarem mais com seu Criador?".

Se uma pessoa "desperdiça" o dia passando horas em contato com Deus, e a outra acredita que é ocupada demais ou tem coisas melhores a fazer do que louvar o Criador e Sustentador, qual delas é a louca? Se alguém investe seus recursos nos pobres — o que, segundo Mateus 25, é entregar ao próprio Jesus — e o outro redecora de modo extravagante uma residência temporária que não durará muito mais do que os poucos anos que lhe restam na terra, quem é o louco?

Quando as pessoas sacrificam seu tempo, seu conforto ou seu lar com satisfação, é óbvio que elas confiam nas promessas de Deus. Por que a história de alguém que realmente fez o que Jesus mandou repercute tão profundamente em nós, mas em seguida presumimos que jamais poderíamos fazer uma coisa tão intensa e radical? Ou por que consideramos isso radical quando, para Jesus, é simplesmente o jeito certo — como deve ser?

> Pessoas *obcecadas* estão mais preocupadas em obedecer a Deus do que em fazer o que se espera delas ou se adaptar ao *status quo*. Uma pessoa obcecada por Jesus fará coisas que nem sempre fazem sentido em termos de sucesso

ou prosperidade na terra. Como afirmou Martin Luther King, "há dois dias em meu calendário: este dia e aquele dia" (Lc 14:25-35; Mt 7:13-23; 8:18-22; Ap 3:1-6).

Gente humilde

A igreja adora transformar santos em celebridades, divulgar as histórias de pessoas humildes que serviram fielmente Cristo um dia. E há muitos bons exemplos. Na verdade, no capítulo seguinte vamos analisar alguns deles.

Uma consequência trágica, porém, pode resultar disso: muitas dessas pessoas se encantam com os elogios e começam a acreditar que realmente são especiais.

Falei em um acampamento de verão há muitos anos. Depois disso, muitos estudantes me disseram que eu era o "orador favorito" deles. Foi bom ouvi-los falar sobre como minhas mensagens eram engraçadas e convincentes. Adorei. Voltei para meu quarto e agradeci a Deus por me ajudar a falar tão bem.

Passados três minutos de oração, parei. Foi quando me dei conta de que os alunos estavam falando sobre *mim*, e não sobre Deus. Eu estava diante de um Deus santo, roubando a glória que era dele por direito.

Trata-se de uma posição terrível. Deus diz: "Eu sou o Senhor; este é o meu nome! Não darei a outro a minha glória nem a imagens o meu louvor" (Is 42:8). Na mesma hora, entendi que qualquer atenção que recebesse pertencia a Deus, na verdade.

É o orgulho, puro e simples, que me impede de dedicar a Deus toda a glória e reter parte dela para mim. Trata-se de uma batalha que todos lutamos, de um jeito ou de outro — alguns de nós diariamente; outros, a toda hora.

Uma das maneiras que conheço de lutar contra o orgulho é por meio da oração focada. Entenda o que quero dizer com isso: antes de dirigir a primeira palavra a Deus, pare um minuto e imagine como seria estar de pé diante do trono do Senhor enquanto você ora. Lembre-se das visões de João, em Apocalipse, e Isaías; lembre-se dos muitos relatos de pessoas entrando na presença de Deus e como isso sempre fazia as pessoas caírem com o rosto em terra, em espanto. Em seguida, comece a orar.

> Pessoas *obcecadas* por Jesus sabem que o pecado do orgulho é sempre uma batalha. Pessoas obcecadas sabem que você nunca consegue ser "suficientemente humilde", por isso buscam se fazer menos conhecidas e Cristo, mais conhecido (Mt 5:16).

Gente que serve

Como compartilhei nos capítulos anteriores, eu costumava ser orientado por meu temor de Deus. Também costumava trabalhar arduamente para provar que eu tinha um compromisso com o Senhor. Agora tenho grande temor e tremor por Deus, mas não é isso o que me motiva. Agora trabalho duro para servir ao Senhor, mas não faço isso para provar minha devoção.

Agora acho que amo de verdade. Talvez soe meio brega para você, mas não consigo pensar em nenhuma maneira mais apropriada de dizer isso.

Se um sujeito namorasse minha filha, mas não quisesse gastar o dinheiro da gasolina para buscá-la em casa ou se recusasse a pagar o jantar para ela porque é muito caro, eu questionaria o amor desse homem. Da mesma maneira, questiono se muita gente que vai à igreja ama Deus de fato, pois essas pessoas hesitam demais em fazer qualquer coisa para ele.

> Pessoas *obcecadas* por Jesus não consideram o serviço um fardo. Pessoas obcecadas encontram alegria em amar o Senhor à medida que amam seu povo (Mt 13:44; Jo 15:8).

Gente que doa

Meus olhos se enchem de lágrimas quando penso em algumas pessoas de Deus que tive o privilégio de conhecer nos últimos anos. Essas pessoas possuem famílias e sonhos. Foram criadas à imagem de Deus tanto quanto eu e você. E elas sofrem.

Muitas delas estão doentes, algumas à beira da morte, vivendo em casas que não consideraríamos boas nem mesmo para nossos cachorros. Eu não estou exagerando. Boa parte das dificuldades e dos sofrimentos poderia ser aliviada se essa gente tivesse acesso a comida, água limpa, roupas, uma habitação adequada ou cuidados médicos básicos.

Acredito que Deus deseja que seu povo, sua igreja, supra essas necessidades. As Escrituras estão repletas de mandamentos e referências sobre o cuidado com os pobres e com aqueles que precisam de ajuda. O que há de mais louco no que se refere ao coração de Deus é que ele não apenas nos pede para doar; ele deseja que amemos aqueles que estão em necessidade *assim como amamos a nós mesmos*. Esse é o cerne do segundo maior mandamento: "Ame o seu próximo como a si mesmo" (Mt 22:39).

Deus está pedindo a você que ame da mesma forma que gostaria de receber amor se o menino cego por beber água contaminada fosse seu filho; que ame da mesma forma que gostaria de receber amor se você fosse a moradora de rua que fica do lado de fora do restaurante; que ame como se fosse sua a família que vive amontoada em um barraco feito de compensado e chapas de metal.

Quem não frequenta a igreja tende a ver os cristãos mais como recebedores do que como doadores. Quando os cristãos se sacrificam e doam aos pobres com liberalidade, essa atitude é como uma luz que brilha com intensidade. A Bíblia ensina que a igreja deve ser essa luz, esse símbolo de esperança em um mundo cada vez mais sombrio e desesperado. Mateus 5:16 diz: "Assim brilhe a luz de vocês diante dos homens, para que vejam as suas boas obras e glorifiquem ao Pai de vocês, que está nos céus".

> Pessoas *obcecadas* por Deus são conhecidas como doadoras, e não como recebedoras. Pessoas obcecadas pensam realmente que os outros são tão importantes quanto elas e têm uma sensibilidade particular quanto aos pobres do mundo (Tg 2:14-26).

Gente que está de passagem

A maioria dos norte-americanos, principalmente os que vivem no sul da Califórnia, se preocupam em demasia com a vida na terra. Boa parte de nosso tempo, de nossa energia e de nosso dinheiro é canalizada para coisas temporárias. Paulo escreve:

> Pois, como já lhes disse repetidas vezes, e agora repito com lágrimas, há muitos que vivem como inimigos da cruz de Cristo.

> O destino deles é a perdição, o seu deus é o estômago e eles têm orgulho do que é vergonhoso; só pensam nas coisas terrenas. A nossa cidadania, porém, está nos céus, de onde esperamos ansiosamente o Salvador, o Senhor Jesus Cristo. Pelo poder que o capacita a colocar todas as coisas debaixo do seu domínio, ele transformará os nossos corpos humilhados, tornando-os semelhantes ao seu corpo glorioso.
>
> Filipenses 3:18-21

Como eu disse antes, Clara, a avó de minha esposa, forneceu um exemplo real de pessoa consumida por amor a Jesus. Certa vez, assisti a uma peça de teatro ao lado de minha esposa e alguns de seus parentes, incluindo a vovó Clara. Durante o intervalo, eu me inclinei e perguntei o que ela estava achando do espetáculo. Ela disse: "Ah, meu querido, eu realmente não queria estar aqui agora". Quando perguntei por que, ela respondeu: "Não sei se é aqui que eu quero estar quando Cristo voltar. Eu prefiro ajudar alguém, intercedendo de joelhos por essa pessoa. Não quero que ele volte e me encontre sentada em um teatro".

Fiquei chocado com a resposta dela. Sim, somos chamados para vigiar (Mt 24:42), mas é estranho ver alguém que leva esse e vários outros mandamentos tão a sério. Na verdade, é mais que estranho; é revelador.

> Uma pessoa *obcecada* pensa no céu o tempo todo. Pessoas obcecadas orientam a própria vida em função da eternidade; elas não se concentram apenas no que está aqui, diante delas.

Gente que se envolve

Jesus não tirou o maior dos mandamentos do nada. Ele ouviu os ecos dos dias de Moisés, quando Deus disse a seu povo:

> Ouça, ó Israel: O SENHOR, o nosso Deus, é o único SENHOR. Ame o SENHOR, o seu Deus, de todo o seu coração, de toda a sua alma e de todas as suas forças. Que todas estas palavras que hoje lhe ordeno estejam em seu coração. Ensine-as com persistência a seus filhos. Converse sobre elas quando estiver sentado em casa, quando estiver andando pelo caminho, quando se deitar e quando se levantar. Amarre-as como um sinal nos braços e prenda-as na testa. Escreva-as nos batentes das portas de sua casa e em seus portões.
>
> Deuteronômio 6:4-9

No tempo de Moisés, o coração era considerado a sede das emoções das pessoas, o próprio centro do ser, o lugar onde as decisões eram tomadas. A alma era considerada a base dos traços e das características (ou da personalidade) da pessoa. Força se refere aos aspectos físico, mental *e* espiritual.

Assim, dentro desse mandamento para amar o Senhor de todo o coração, com toda a alma e toda a força, cada fibra da humanidade é abrangida. Nosso objetivo como povo que segue Cristo deveria ser nada menos que nos tornarmos pessoas loucamente apaixonadas por Deus.

> Uma pessoa *obcecada* se caracteriza por um amor comprometido, firme e apaixonado por Deus, acima e antes de todas as outras coisas e todos os outros seres.

Gente desprotegida

Antes de eu e minha esposa nos casarmos, eu sabia que tinha de dizer a ela tudo a meu respeito, todas as confusões em que me meti, todas as coisas que fiz. Ela tinha de saber com quem estava se unindo antes de concordar em se casar comigo. Aquela conversa não foi fácil, mas, no fim, continuamos optando por estar um com o outro, por assumir um compromisso mútuo.

Eu me vejo agindo de modo diferente com Deus. Com frequência, quando oro, formulo minhas frases da maneira que me parece mais adequada. Tento amenizar meus pecados ou disfarçar meus sentimentos antes de expô-los diante de Deus. Que grande bobagem é querer ser completamente honesto com minha esposa sobre meus erros e, ao mesmo tempo, tentar escondê-los do Senhor!

Deus quer que abramos o coração. Com certeza, ele não deseja que "cozinhemos nossa miséria", como fazemos para conservar a carne. Ele sabe que somos repulsivos e que tudo quanto estamos fazendo é tentando nos sentir um pouco melhores.

Deus deseja intimidade verdadeira com cada um de nós, e isso só pode acontecer quando confiamos nele o suficiente para sermos completamente transparentes e vulneráveis.

> As pessoas *obcecadas* por Deus são o que são diante dele; elas não tentam mascarar a feiura de seus pecados ou suas falhas. Pessoas obcecadas não fingem diante de Deus; ele é o porto seguro onde elas podem se sentir em paz.

Gente de raiz

Em média, os cristãos dos Estados Unidos passam dez minutos por dia com Deus; enquanto isso, o norte-americano fica, em média, mais de quatro horas por dia assistindo à televisão.[3]

Talvez a televisão não seja aquilo de que você gosta mais — é possível que nem mesmo tenha uma em casa. Mas e quanto a seu tempo e seus recursos? Quanto de seu dinheiro é gasto em seus interesses e quanto é investido no reino de Deus? Quanto de seu dinheiro é dedicado à busca da realização de seus objetivos e quanto é concentrado na obra e nos propósitos de Deus?

Deus não quer o cumprimento de uma obrigação religiosa. Ele não deseja uma atitude displicente, automática, do tipo: "Tudo bem, li um capítulo. Está satisfeito?". Deus quer que sua Palavra seja motivo de deleite para nós, e de tal maneira que meditemos nela noite e dia.

Em Salmos 1:3, ele diz que aquele que age assim "é como árvore plantada à beira de águas correntes: Dá fruto no tempo certo e suas folhas não murcham. Tudo o que ele faz prospera!".

> Pessoas *obcecadas* por Deus possuem um relacionamento íntimo com ele. São alimentadas pela Palavra de Deus ao longo do dia porque sabem que quarenta minutos aos domingos não é suficiente para sustentá-las por uma semana inteira, especialmente quando elas encontram tantos motivos de distração e tantas mensagens alternativas.

[3] Veja <*www.familyresource.com*> acesso em 03 de dez. de 2008.

Gente dedicada
Você já esteve em boa forma física em algum momento de sua vida? Se hoje em dia sua forma não é a mesma, talvez saiba que não chegou ao estado atual por acaso. Ninguém engorda nem perde, de um dia para o outro, a capacidade de correr mais de 12 quilômetros. Você parou de correr regularmente, ou desistiu de levantar pesos três vezes por semana, ou começou a juntar mais duas bolas de sorvete em sua taça. Há razões para sermos o que somos e estarmos onde estamos, e elas não constituem obra do acaso.

O mesmo acontece com a alegria em nossa vida. Temos a tendência de pensar nela como algo que vem e vai, dependendo das circunstâncias da vida. Mas não perdemos apenas a alegria, como se um dia a tivéssemos e, no dia seguinte, ela fosse embora, que droga! A alegria depende de nossa escolha e de nosso esforço para alcançá-la. Como a capacidade de correr por uma hora inteira, ela não chega de repente. É preciso ser cultivada e desenvolvida.

Quando a vida fica dolorosa ou não corre do jeito que esperamos, é normal que um pouco de nossa alegria desvaneça. A Bíblia ensina que a verdadeira alegria é formada em meio às estações mais difíceis da vida.

> Pessoas *obcecadas* por Jesus se preocupam mais com o próprio caráter do que com conforto. Pessoas obcecadas sabem que a verdadeira alegria não depende das circunstâncias ou do ambiente; trata-se de uma dádiva que precisamos escolher e cultivar; um dom que, em última análise, vem de Deus (Tg 1:2-4).

Gente que se sacrifica

Não podemos passar a acreditar que somos indispensáveis para Deus. Segundo o salmista:

> Não tenho necessidade de nenhum novilho dos seus estábulos, nem dos bodes dos seus currais, pois todos os animais da floresta são meus, como são as cabeças de gado aos milhares nas colinas. Conheço todas as aves dos montes, e cuido das criaturas do campo. Se eu tivesse fome, precisaria dizer a você? Pois o mundo é meu, e tudo o que nele existe. [...] Ofereça a Deus em sacrifício a sua gratidão, cumpra os seus votos para com o Altíssimo...
>
> Salmos 50:9-12,14

Não há nenhuma maneira de podermos contribuir para o crescimento de Deus ou acrescentar-lhe alguma coisa. Ele tem tudo; é completo. Quando estamos na presença de Deus, tudo o que podemos fazer é louvá-lo. Romanos 11:35-36 diz: "'Quem primeiro lhe deu, para que ele o recompense?' Pois dele, por ele e para ele são todas as coisas. A ele seja a glória para sempre! Amém".

> A pessoa *obcecada* por Jesus sabe que a melhor coisa que pode fazer é ser fiel ao seu Salvador em todos os aspectos da vida, agradecendo o tempo todo a Deus. Uma pessoa obcecada sabe que jamais pode alcançar intimidade com Deus se estiver sempre tentando retribuir o que ele faz e dá, ou tentando trabalhar duro o suficiente para se tornar digna dessas dádivas.

Embora essas descrições combinadas não respondam necessariamente à pergunta sobre o que significa se render plenamente a Deus, elas representam partes importantes do quebra-cabeça. Felizmente, você está começando a imaginar e a orar a respeito do que isso significa em sua vida.

CAPÍTULO 9

Quem consegue viver desse jeito?

Tornem-se meus imitadores, como eu o sou de Cristo.
1Coríntios 11:1

As histórias a seguir são verdadeiras e falam de pessoas que buscaram viver uma vida de completa submissão a Deus. Algumas delas ainda estão vivas; outras já encerraram sua carreira. Os exemplos que representam diferem bastante, mas cada uma carrega a marca de uma pessoa transformada de modo distinto pela beleza e a realidade do amor de Deus e pela orientação do Espírito Santo.

Em sua carta à igreja de Sardes, Jesus diz: "Você tem fama de estar vivo, mas está morto. Esteja atento! Fortaleça o que resta e que estava para morrer [...] você tem aí em Sardes uns poucos que não contaminaram as suas vestes. Eles andarão comigo, vestidos de branco, pois são dignos" (Ap 3:1-2,4).

Jesus elogiou os poucos que eram fiéis. Do mesmo modo, em todas as gerações há algumas pessoas que fornecem exemplos dignos de serem seguidos.

Será que o seu nome figurará entre esses poucos a seguir?

Nathan Barlow

Um médico que escolheu usar suas habilidades na Etiópia por mais de sessenta anos. Nathan dedicou a vida a ajudar pessoas com linfedema. O linfedema é um problema encontrado principalmente em áreas rurais com pessoas que trabalham em solos de origem vulcânica. Ele causa inchaço e úlceras nos pés e na parte de baixo das pernas. A deformidade, o inchaço, as ulcerações e as infecções secundárias que provoca levam à marginalização social as pessoas acometidas da doença, a exemplo do que ocorre com os leprosos.[1]

Conheci Nathan pouco antes de ele morrer. A filha, Sharon Daly, frequenta minha igreja, e o trouxe da Etiópia para a casa dela quando a saúde do médico começou a apresentar problemas. Depois de apenas algumas semanas, ele não aguentava mais estar nos Estados Unidos. O povo que ele amava ainda estava na Etiópia, por isso a filha o colocou de volta em um avião para que Nathan pudesse passar os últimos dias de vida no lugar onde servia às pessoas.

Certa vez, Nathan sentiu uma dor de dente, e era tão intensa que ele teve de pegar um avião para longe do campo missionário para receber assistência médica. Nathan disse ao dentista que nunca mais queria ter de deixar o campo missionário de novo por causa de dores de dente, por isso pediu que *todos* os seus dentes fossem arrancados e substituídos por dentaduras. Assim, a obra de Deus na Etiópia não seria prejudicada.

Aquele homem impressionante foi o primeiro a ajudar as pessoas marginalizadas pelo linfedema, e passou a vida fazendo isso. Mesmo assim, morreu de maneira discreta, sem fazer estardalhaço; ninguém realmente o conhecia.

---

[1] Veja <*www.mossyfoot.com*> acesso em 03 de dez. de 2008.

Fiquei surpreso pela fidelidade com que aquele homem de Deus servira durante tantos anos, apesar de quase não receber reconhecimento. Trata-se de um belo testemunho. A obra que Nathan iniciou continua por meio de seu *site*: <*www.mossyfoot.com*>.

Simpson Rebbavarapu

Simpson recebeu seu nome inglês quando chegou a um orfanato dirigido por uma missão, mais ou menos aos quatro anos. Os pais ainda não o haviam batizado, algo que acontece com frequência entre crianças nascidas em famílias pobres e de castas consideradas inferiores na Índia.

A mãe de Simpson teve de se casar quando ainda era uma criança, por volta dos treze anos — um costume ainda muito comum em aldeias indianas. Simpson seria o sexto filho dela, e uma mulher na aldeia receitou algumas ervas de efeito abortivo. Isso evitaria que a mãe de Simpson tivesse de parar de trabalhar *e* ainda ter outra boca para sustentar. Acontece que as ervas não funcionaram.

Outros moradores da aldeia sugeriram que ela tentasse o "remédio dos ingleses". Mas, quando ela procurou o médico para interromper a gestação, ele não foi trabalhar naquele dia. Assim, Simpson nasceu, e com o tempo seus pais o levaram ao orfanato porque sabiam que ele teria uma vida melhor naquela instituição, incluindo uma oportunidade de receber educação.

Simpson acredita que Deus sempre esteve presente em sua vida, pois, no que dependesse da mãe, ele nunca teria nascido. Hoje em dia, Simpson divide o tempo de que dispõe entre um orfanato por ele fundado e um ministério evangelístico que leva a Palavra de Deus a aldeões analfabetos por meio de Bíblias em áudio.

Quando perguntado como vive e de onde recebe salário, ele respondeu da maneira mais simples e humilde: "Vivo pela fé [...]

Não tenho família nem esposa. Sendo assim, para que precisaria de salário?". Ele prefere usar o dinheiro para apoiar algum outro programa de ajuda às pessoas ou levar a Palavra de Deus a mais gente.

Simpson explica que, vivendo dessa maneira, ele tem de confiar que Deus controla sua vida e continuará cuidando dele. Também diz que sua dependência de Deus o mantém em oração e bem perto dele.

Jamie Lang

Quando Jamie tinha 23 anos, pegou um avião dos Estados Unidos para a Tanzânia com 2 mil dólares que tirou de sua poupança. Ela planejava ficar até o dinheiro acabar, e então voltaria para casa.

Jamie ficou espantada com a pobreza que encontrou, por isso começou a orar para que Deus lhe permitisse fazer uma diferença radical na vida de uma pessoa. Depois de aproximadamente seis meses, ela conheceu uma garota de oito anos na igreja. A menina estava carregando um bebê nas costas. Jamie descobriu que a mãe daquele bebê estava morrendo de AIDS, e não tinha forças para carregá-lo. Jamie começou a comprar mingau para o bebê, Junio, a fim de garantir a nutrição da qual ele precisava tanto. Naquela época, o menino tinha metade do tamanho de um bebê saudável.

Jamie se apaixonou pelo bebê Junio. Ela se perguntava se estava sendo tola — uma jovem que mal completara 24 anos, solteira, branca, norte-americana, acalentando a ideia de adotar um bebê. Além disso, não sabia sequer se a Tanzânia permitia a adoção de crianças por estrangeiros. Com o tempo, descobriu que o país *não* permitia a adoção internacional; no entanto, como tinha morado lá por mais de seis meses, poderia estabelecer residência.

Antes que a mãe de Junio morresse de AIDS, ela procurou Jamie e disse: "Tenho ouvido falar sobre como você está cuidando de meu filho, e eu nunca ouvi falar de um amor assim. Eu quero ser salva". Pouco antes de morrer, ela falou: "Sei que há quem cuide de meu filho, e um dia eu o encontrarei no céu".

Jamie passou seis meses cumprindo o processo de adoção; em seguida, mais cinco meses trabalhando com a embaixada norte-americana para conseguir um visto para Junio. Quando finalmente voltou para casa, um ano e meio havia se passado desde sua partida.

Hoje, Junio tem cinco anos, é um menino totalmente saudável, e o exame de HIV deu negativo. Quando a mãe de Junio estava grávida dele, tomou uma "pílula do dia seguinte" com o objetivo de abortar. No entanto, a pílula provocou um parto prematuro. Como Junio era muito pequeno, não houve sangramento durante o parto. Por essa razão, ele não contraiu HIV da mãe. O que deveria ter acabado com a vida do bebê, Deus usou para salvá-lo.

Depois de adotar Junio, Jamie se casou, teve uma menina e se mudou para a Tanzânia com a família a fim de trabalhar com a organização Wycliffe na tradução da Bíblia para um grupo que nunca ouviu falar da Palavra de Deus antes.

Marva J. Dawn

Marva nasceu em Ohio, em 1948. É acadêmica há muito tempo, tendo conquistado quatro mestrados e um doutorado. Também trabalha como professora assistente no Regent College, em Vancouver, na Colúmbia Britânica, Canadá, e está envolvida com a organização Christians Equipped for Ministry [Cristãos Capacitados para o Ministério]. Marva escreveu muitos livros, tem grande talento para a música e fala a líderes religiosos em conferências realizadas em vários países.

Um de seus livros, *Unfettered Hope: A Call to Faithful Living in an Affluent Society* [Esperança sem limite: o chamado para uma vida de fidelidade em uma sociedade opulenta], trata especificamente do que caracteriza uma reação de fidelidade em nossa cultura. A vida de Marva Dawn é reflexo de sua crença de que atos de fidelidade aparentemente sem importância podem provocar um impacto profundo e significativo no mundo. Todo o lucro de seus livros é usado para apoiar iniciativas de caridade, como Em Defesa da África: Uma Campanha de Esperança, que "oferece apoio a igrejas e comunidades africanas que enfrentam o problema da AIDS, trabalha para acabar com a fome e constrói a paz".[2]

Marva e o marido vivem do salário de professor que ele recebe, o que não é muita coisa. Apesar de enfrentar muitos problemas médicos, Marva continua se recusando a receber mais dinheiro para si. Não consegue se imaginar gastando dinheiro para fazer sua vida mais confortável enquanto existe tanta gente desesperada e morrendo no mundo. Ela diz que o Fusca 1980 com aquecedor quebrado que dirige ajuda a mantê-la concentrada na oração e na identificação de quem se encontra em necessidade.

Rich Mullins

Rich nasceu em 1955 em Richmond, Indiana, e era o terceiro de seis filhos. Começou a estudar música ainda criança; escreveu a primeira canção no piano quando tinha apenas quatro anos de idade.

---

[2] Veja <*www.standwithafrica.org*> acesso em 03 de dez. de 2008.

Rich foi criado frequentando uma igreja quacre, o que viria a influenciar sua música mais adiante. Ele começou escrevendo músicas para artistas já consagrados, mas, em 1985, gravou o primeiro álbum próprio. Nos doze anos seguintes, ele compôs, viajou e ministrou a milhares de pessoas por meio de suas letras simples, porém profundas. As canções de Rich foram regravadas por artistas e bandas como John Tesh, Rebecca St. James, Michael W. Smith, Amy Grant, Third Day, Caedmon's Call e Jars of Clay.

Apesar de seu sucesso no ramo da música, Rich costumava tumultuar o mundo da cultura musical cristã. Ele não considerava a música seu propósito principal na vida; para Rich, a arte simplesmente o capacitava a buscar o cumprimento de um chamado maior: amar as pessoas, como as crianças, os vizinhos, os inimigos e até os não cristãos. Às vezes, ele se apresentava em *shows* com a barba por fazer ou descalço. Para evitar que as pessoas o tratassem como ídolo, costumava confessar seus pecados e erros em público.

Em 1995, Rich se mudou para uma reserva da tribo Navajo, no Arizona, para ensinar música às crianças da comunidade. Ele nunca soube da dimensão do sucesso de seus discos porque os lucros de seus concertos e álbuns eram enviados diretamente à igreja da qual era membro. Recebia um pequeno salário e doava o restante do dinheiro.

Em setembro de 1997, Rich e um amigo estavam em um carro a caminho de Wichita, Kansas, para realizar um concerto beneficente, quando o jipe em que viajavam capotou. Ambos foram cuspidos do carro. Rich morreu quando um *trailer* que passava desviou-se do jipe e o atingiu acidentalmente. Ele tinha 41 anos.

Rings

Não sei exatamente qual é a idade de Rings, mas ele é, com certeza, o que você poderia considerar um sujeito idoso. Também não sei onde ele nasceu nem qual é o seu nome verdadeiro; ele atende apenas como Rings. Mora na cabine de sua picape, que estaciona perto do centro de Ocean Beach, na Califórnia. É um fumante inveterado, ex-presidiário, ex-viciado e ex-alcoólico.

Rings gosta de dizer que, se Jesus o salvou, então Jesus é capaz de salvar qualquer pessoa. Por isso, em vez de usar seu pagamento mensal para comprar bebidas ou alugar um quarto de hotel, ele usa o dinheiro todo em alimentos que compra no supermercado local. Coloca toda aquela comida em isopores na parte de trás da picape e, em seguida, vai de carro até a praia, onde prepara refeições para seus amigos moradores de rua.

Enquanto prepara os alimentos, Rings fala à multidão reunida sobre a liberdade que Jesus lhe proporcionou. Ele diz que foi Deus quem o orientou a alimentar os outros com seu dinheiro, e isso acontece porque o Senhor ama cada um deles. Aquele homem entrega tudo aos outros — tudo mesmo — por saber que não possui nada que não tenha sido dado por Deus.

Rachel Saint
Rachel nasceu em 1914, na Pennsylvania, única mulher entre oito filhos. O pai fabricava vitrais, e a família costumava enfrentar dificuldades, até mesmo com comida.

Quando Rachel completou dezoito anos, uma senhora muito gentil e rica a levou em uma viagem à Europa e se ofereceu para fazer da jovem sua herdeira, caso se comprometesse a lhe fazer companhia para o resto da vida. Diante da oferta, Rachel chegou à conclusão de que não poderia aceitar uma vida de tanto conforto, limitada a tomar chá e conversar.

Depois de doze anos trabalhando em uma casa de recuperação de alcoólicos, Rachel se inscreveu em uma escola de idiomas e se tornou missionária da organização Wycliffe Bible Translators na América do Sul. Ela passou muitos anos trabalhando com os índios shapras no Peru, mas sabia que tinha um chamado para uma obra com os índios huaoranis, ou aucas, do Equador, conhecidos por matar todos os intrusos já no primeiro contato.

Com o tempo, Rachel foi apresentada a uma mulher huaorani, Dayuma, que concordou em ensinar a linguagem de seu povo. Durante anos, Rachel estudou a língua e testemunhou a Dayuma sobre Jesus Cristo conforme esperava pacientemente por uma oportunidade de entrar na aldeia huaorani sem ser morta. O irmão de Rachel, Nate, piloto da missão Fraternidade de Aviadores, e outros quatro missionários haviam sido assassinados pelo povo huaorani. Isso só serviu para aguçar o desejo de Rachel de falar àquelas pessoas sobre o amor de Cristo.

Depois de muitos anos, Rachel finalmente conseguiu conhecer a tribo, onde passou a viver. Ela morou com os huaoranis por vinte anos. Ao longo do tempo, a cultura de vingança e assassinato do povo foi transformada à medida que ouvia as palavras da Bíblia. O povo huaorani se tornou a família de Rachel e deu a ela o nome Nimu, que significa "estrela".

Com o tempo, Rachel traduziu o Novo Testamento para a língua huaorani. O corpo dela foi sepultado com aquele povo, no Equador. Em seu funeral, um amigo da tribo afirmou: "Ela nos chamava de seus irmãos. Disse-nos como crer. Agora está no céu [...] Deus está construindo uma casa para todos nós, e é lá que voltaremos a ver Nimu".

George Mueller
George nasceu na Prússia, em 1805, e frequentava a Universidade de Halle quando se tornou cristão. Até então, tinha uma péssima

fama por causa das dívidas de jogo, dos problemas com a bebida e das confusões que arrumava. Sua vida, porém, foi transformada quando ele conheceu Cristo.

Ao terminar a faculdade, George foi para a Inglaterra para ser pregador do evangelho. Com a esposa britânica, estabeleceu-se mais tarde em Bristol, na Inglaterra, onde o casal encontrou muitos órfãos espalhados pelas ruas — crianças e jovens sem cuidados, sem alimentação, geralmente doentes. Muitos morriam bem cedo. Naquela época, escritores como Charles Dickens e William Blake ainda não haviam chamado a atenção para o drama daquelas crianças, e nada havia sido feito para ajudá-las.

George e a esposa decidiram fundar um orfanato que não cobraria nada e para o qual jamais pediriam dinheiro ou apoio. Quando precisassem de alguma coisa, buscariam apenas o Senhor, confiando que ele lhes daria tudo quanto necessitassem.

Muita gente não acreditou, por isso o propósito dos Mueller de dar início ao orfanato acabou tomando duas direções. A primeira, naturalmente, era ajudar os órfãos; a segunda, mostrar às pessoas o que significava confiar em Deus para *tudo*.

Quando o primeiro orfanato abriu, George e a esposa, Mary, oraram por todas as coisas de que precisavam. Segundo os registros meticulosos de George, Deus providenciou todas as coisas que haviam pedido. Quando George morreu, em 1898, mais de 10 mil órfãos recebiam cuidados e abrigo nos cinco orfanatos que construíram.

Durante o período de vida de George, 1,5 milhão de libras esterlinas passaram por suas mãos na forma de donativos. Ele usou cada centavo na ajuda a pessoas que passavam por necessidade. Depois de sua morte, um jornal britânico escreveu que George "privou as ruas cruéis de milhares de vítimas, as cadeias de milhares de delinquentes e os albergues de milhares de crianças miseráveis".[3] Outro jornal destacou que tudo aquilo fora alcançado apenas por meio da oração.

Irmão Yun

O Irmão Yun nasceu em 1958, na região sul da província de Henan, na China. Conheceu Jesus quando tinha dezesseis anos, época em que o pai estava morrendo de câncer no estômago e nos pulmões, e a família quase passava fome.

Ao longo dos anos, Yun cresceu e começou a pregar o evangelho por todo o país. A polícia o perseguia o tempo todo. Ele foi preso mais de trinta vezes. Geralmente, conseguia evitar os períodos longos de encarceramento, mas nem sempre. Yun ficou na cadeia por três períodos extensos, incluindo um de quatro anos, durante o qual fez jejum de água e comida por 74 dias. Embora seja considerado clinicamente impossível uma pessoa sobreviver por tanto tempo sem água, Deus o sustentou. Durante o período de quatro anos, ele foi submetido a intensas torturas, incluindo espancamentos contínuos com um chicote e muitos choques elétricos.

Mais tarde, Yun foi colocado em uma prisão de segurança máxima em Zengzou. Para assegurar que ele nunca mais escaparia da prisão, os guardas bateram nas pernas de Yun até quebrá-las. Apesar disso, saiu da cadeia seis meses depois. Portões e barras que sempre estiveram fechados e trancados se abriram por milagre. Nenhum guarda tentou impedi-lo; era como se ele estivesse invisível. Só depois que estava do lado de fora, a salvo, é que Irmão Yun se deu conta de que estava caminhando com suas pernas "quebradas"!

---

[3] Janet BENGE, *George Mueller: Guardian of Bristol's Orphans* [George Mueller, o guardião dos órfãos de Bristol], Seattle: YWAM, 1999, p. 196.

O Irmão Yun e sua família foram para a Alemanha em setembro de 2001, depois de escapar da China, onde ele ainda é procurado pela polícia. Agora, eles incentivam os cristãos de todo o mundo ao compartilhar o que Deus fez e está fazendo na China e em muitos outros lugares.

Eles estão profundamente envolvidos com Back to Jerusalem [De volta a Jerusalém], um movimento cujo objetivo é "pregar o evangelho e estabelecer fraternidades de cristãos em todos os países, cidades, metrópoles e grupos étnicos entre a China e Jerusalém. Essa tarefa não é fácil, pois entre essas nações estão as três maiores fortalezas espirituais do mundo hoje em dia; elas ainda precisam ser conquistadas pelo evangelho: os gigantes do Islã, do budismo e do hinduísmo".[4]

Shane Claiborne

Shane tem trinta anos e vive no lar comunitário The Simple Way [O Caminho da Simplicidade], que fica em uma das piores áreas da Filadélfia. Shane e os outros moradores do lar trabalham para denunciar as estruturas que alimentam a pobreza e criar formas alternativas de viver. Eles interpretam literalmente as palavras de Cristo em Mateus 25:40: "Digo-lhes a verdade: O que vocês fizeram a algum dos meus menores irmãos, a mim o fizeram". A vida dessas pessoas pode ser resumida em amar os mais pobres e necessitados em uma das cidades mais complicadas dos Estados Unidos. Fazem isso na comunidade em que vivem quando alimentam gente faminta, passam tempo cuidando de crianças da vizinhança, mantêm uma loja e recuperam quarteirões decadentes com o plantio de jardins comunitários.

---

[4] Veja <*www.backtojerusalem.com*> acesso em 03 de dez. de 2008.

Shane é orador em várias conferências, igrejas e em eventos realizados por todo o país. Para manter a mesma hospitalidade que caracterizava a igreja primitiva, Shane fica em casas de família quando concorda em participar de algum evento. Ele não pede um honorário específico — só que os participantes deem o que for possível para apoiar os ministérios de The Simple Way.[5]

Quando viaja, Shane pede às pessoas que o convidam para reduzir o impacto ecológico de sua viagem, indo para o trabalho de bicicleta, dando carona ou doando dinheiro a alguma organização séria. Toda a receita do livro de Shane, *The Irresistible Revolution* [A revolução irresistível] é revertida em doações.

Em 2003, ele esteve por três semanas em Bagdá com a Equipe de Paz do Iraque — um programa conjunto das organizações Voices in the Wilderness [Vozes no deserto] e Christian Peacemaker [Pacificadores cristãos]. Shane assistiu à invasão norte-americana de Bagdá. Enquanto estava lá, visitou os locais que eram bombardeados diariamente, foi aos hospitais para onde os feridos eram encaminhados e viu as famílias arrasadas. Ele também participou de cultos com os cristãos iraquianos.

A família Robynson

Essa família de cinco membros, três deles com menos de 10 anos de idade, escolheu celebrar o nascimento de Cristo de uma maneira singular. Nas manhãs do Natal, em vez de se concentrar nos presentes sob a árvore, eles fazem panquecas, enchem cafeteiras e saem para o centro da cidade. Chegando lá, carregam uma carroça com o café e a comida. Em seguida, com a ajuda do filho de três anos, empurram a carroça pelas ruas vazias em busca

---

[5] Para saber mais, acesse o *site* <www.thesimpleway.com>.

de sem-teto para oferecer um café da manhã quentinho e gostoso na manhã de Natal.

Os três meninos da família Robynson ficam ansiosos pela chegada dessa oportunidade de oferecer um pouco de amor tangível às pessoas que, de outra maneira, passariam a manhã de Natal com frio e, provavelmente, sem o café da manhã. Você consegue imaginar uma maneira melhor de começar o feriado que celebra o Deus de amor?

Susan Diego
Atualmente chegando à faixa dos cinquenta anos, Susan foi criada em um lar que buscava o Senhor, e ela sempre fez o possível para viver de acordo com a vontade de Deus. Procurou servi-lo de várias maneiras, incluindo um trabalho com alunos do ensino médio do grupo de jovens de sua igreja e da escola pública. Ensinou jovens mães a cuidar dos filhos com amor. Criou quatro filhos, fundou uma escola e abriu as portas da própria casa para proporcionar descanso a pessoas de todas as idades, vindas dos mais diferentes lugares.

Quando Susan era jovem, ela disse ao Senhor que faria qualquer coisa que ele pedisse; só não gostava de falar em público, por isso preferia não ter de fazer isso. No entanto, há algum tempo, ela sentiu que Deus estava movendo seu coração para falar, e que precisaria dizer "sim" quando essas oportunidades aparecessem.

Foi o que fez.

Na primavera do ano em que este livro foi escrito, Susan, o marido e os dois filhos mais novos foram para Uganda; lá, ela dirigiu uma conferência para mulheres. Isso significava falar, no mínimo, dez vezes a centenas de mulheres sobre os mais diferentes assuntos.

A princípio, essa ideia aterrorizou Susan. Na verdade, ela ainda chora quando fala a respeito. Mas se submeteu à vontade divina. Ela disse "sim" a Deus e fez a única coisa que esperava *nunca* ter de fazer.

Lucy
Se você encontrasse Lucy na igreja, provavelmente acharia que ela é a mãe querida e boazinha de alguém. Trata-se daquele tipo de mulher que chega e lhe dá um grande abraço para só depois se apresentar.

Você jamais seria capaz de adivinhar que Lucy é uma ex-prostituta. Durante a adolescência e a juventude, sua vida era dominada por drogas e prostituição. Por intermédio de uma senhora cristã que pregava às prostitutas, Lucy teve um encontro com Jesus, e sua vida foi completamente transformada.

Até hoje, quase quarenta anos depois, Lucy vive perto das mesmas ruas onde antes trabalhava como prostituta, e costuma abrir as portas de sua casa para outras jovens que foram escravizadas pela prostituição. É muito comum se ouvir dizer pelas ruas que, quando você precisa de alguma coisa, pode ir à casa de Lucy. Ela não tem grandes posses, mas sua casa está sempre aberta. Prostitutas, cafetões, usuários de drogas, traficantes e tantos outros tipos que as pessoas evitam são os convidados de Lucy. É a maneira que ela encontrou de amar as pessoas tão necessitadas da mesma esperança e do mesmo amor que encontrou há quarenta anos.

Igreja Comunitária Pedra Angular
Começamos a Igreja Pedra Angular há pouco mais de treze anos. Nos primeiros anos, doamos cerca de 4% de nosso orçamento. Conforme o tempo foi passando, aumentamos cada vez mais essas doações.

No ano em que este livro foi escrito, doamos 50% de nosso orçamento. Isso aconteceu porque acreditamos na orientação de Jesus para amarmos o próximo como a nós mesmos. Ele não estava brincando. Se realmente queremos amar nosso próximo como a nós mesmos, então faz sentido doar tanto a eles quanto gastamos conosco.

Outra manifestação de nosso desejo de amar os outros é o projeto de nosso prédio. Inicialmente, tínhamos uma linda planta para um novo santuário que custaria muitos milhões de dólares. Hoje, porém, estamos no processo de conseguir as autorizações necessárias para construir um anfiteatro a céu aberto que acomodará muita gente e economizará 20 milhões de dólares.

Tenho certeza de que, em alguns dias, as acomodações do lado de fora não serão das mais confortáveis, mas também será uma alegria saber que estamos sentando no concreto para que alguém possa ter um agasalho.

⬇⬆

Espero que essas histórias de vida tenham feito mais do que simplesmente encorajar você; torço para que tenham eliminado todas as desculpas por não viver de uma maneira radical, motivada pelo amor. Espero que tenham desafiado a multidão de pessoas que se sentem "chamadas para a prosperidade" e ignoram os pobres. Se os exemplos bíblicos parecem inalcançáveis, felizmente essas pessoas comuns dão a esperança de que você também pode viver uma vida digna de nota.

CAPÍTULO 10

O xis da questão

Neste momento, é provável que você esteja se perguntando: "O que tudo isso significa para mim?".

Depois de o apóstolo Pedro pregar no dia de Pentecoste, os que estavam presentes "ficaram aflitos em seu coração [...] 'Irmãos, que faremos?'" (At 2:37). A igreja primitiva respondeu com ação imediata: arrependimento, batismo, venda de bens, pregação do evangelho.

Nós respondemos com palavras como "amém", "sermão convincente", "grande livro"... e aí ficamos paralisados, como se tentássemos decifrar o que Deus deseja de nossa vida. Concordo com Annie Dillard, que disse certa vez: "A maneira de vivermos nossos dias [...] é a mesma maneira de vivermos nossa vida". Cada um de nós precisa descobrir, por si, como viver *o dia de hoje* em submissão fiel a Deus, à medida que pomos "em ação a [nossa] salvação [...] com temor e tremor" (Fp 2:12).

Você seria capaz de pôr sua casa à venda hoje e mudar para uma menor? Talvez? Seria capaz de abandonar seu emprego? É possível. Ou — quem sabe? — Deus queira que você trabalhe com mais afinco em seu emprego e, assim, se torne uma testemunha do reino ali. Pode ser. Talvez ele queira que você continue onde está e abra os olhos para as necessidades das pessoas à sua volta. Sinceramente, para mim já é muito difícil discernir como viver a minha vida!

Enquanto pensa no assunto, toma suas decisões e identifica como Deus quer que você viva, sugiro que se pergunte o seguinte: "É essa a maneira mais amorosa de viver? Consigo amar meu próximo e meu Deus vivendo onde vivo, fazendo o que faço e falando como falo?". Incentivo você a pensar nisso e viver, de fato, como se cada pessoa com quem tem contato fosse Cristo.

Fazer perguntas desse tipo e refletir a respeito delas nos leva à direção certa, mas temos de ir além, levantando as questões certas. É muito comum passarmos por momentos de grande euforia, mas não agirmos; na verdade, ficamos famosos por isso na igreja. Lembra-se daquele entusiasmo que sentimos durante retiros espirituais, seguidos de uma inevitável pasmaceira? Ou da euforia que sentiu em sua primeira viagem missionária, esquecida logo depois de voltar para casa? As lembranças são maravilhosas, mas você vive de modo diferente por causa delas?

As histórias no capítulo 9 são breves exemplos de como algumas pessoas puseram em prática o verdadeiro cristianismo em vários países. A vida delas constitui um desafio ao *status quo* e um exemplo de como viver de uma maneira diferente.

A questão é que *existe* outra trilha, uma alternativa ao individualismo, ao egoísmo e ao materialismo do chamado "sonho americano" e de sua versão cristã. Espero que as histórias dessas pessoas tenham servido para lembrar que Deus opera das mais diversas maneiras e tem muito mais a sua espera do que você é capaz de imaginar neste momento.

Um comercial da Nike, veiculado há alguns anos, mostrava o principal jogador universitário selecionado para a National Basketball Association (NBA) naquela época. O nome dele era

Harold Miner. No comercial, ele dizia algo assim: "Algumas pessoas perguntam se serei o próximo Magic Johnson, o próximo Larry Bird ou o próximo Michal Jordan. Digo a elas: 'Serei o primeiro Harold Miner'". Ele acabou tendo uma carreira muito ruim na NBA, mas o comercial continuava sendo muito bom. E a questão que ele defendia — ser você mesmo — era válida.

Oswald Chambers escreveu: "Nunca estipule um princípio que sua experiência não comprove; permita que Deus seja tão original com as pessoas quanto foi com você".[1] Eu acrescentaria: "Tome cuidado para não exigir que a vida dos outros siga o mesmo modelo da sua". Permita que Deus seja tão criativo com você quanto é com cada um de nós.

Você já disse algo como: "Eu nasci para isso"? Acredita ser uma pessoa criada para boas obras específicas, coisas que Deus já sabia antes de você existir? Ou compara a sua vida com a de outras pessoas e lamenta pelas coisas que recebeu?

Temos um Deus que é Criador, e não copiador. Ele nunca criou um Francis Chan antes. Paulo nos afirma:

> Há diferentes tipos de dons, mas o Espírito é o mesmo. Há diferentes tipos de ministérios, mas o Senhor é o mesmo. Há diferentes formas de atuação, mas é o mesmo Deus quem efetua tudo em todos. A cada um, porém, é dada a manifestação do Espírito, visando ao bem comum.
>
> 1Coríntios 12:4-7

Imagine como seria se você abrisse uma gaveta em sua cozinha e encontrasse vinte raladores de queijo, mas nenhum outro

---

[1] *My Utmost for His Highest* [O melhor de mim para o Rei], entrada em 13 de junho.

utensílio. Não é muito útil quando se procura algo para ajudar a tomar uma sopa. Assim como existem utensílios diferentes com diversas funções na cozinha, Deus criou pessoas únicas para realizar uma variedade de propósitos pelo mundo.

É por isso que não posso dizer neste livro: "Todo mundo deve ser missionário"; ou: "Você precisa vender seu carro e começar a usar transporte público". O que *posso* dizer é que você precisa aprender a ouvir o Senhor e obedecer-lhe, especialmente em uma sociedade em que fazer o conveniente é a atitude mais fácil e esperada.

⇵

Escrevi este livro porque boa parte das coisas que falamos não combina com nossa maneira de viver. Dizemos coisas como: "Tudo posso naquele que me fortalece" e "Confie no Senhor de todo o seu coração", mas vivemos e fazemos planos como se nem mesmo acreditássemos que Deus existe. Tentamos organizar nossa vida de modo que tudo esteja em ordem mesmo que Deus não se manifeste. No entanto, a verdadeira fé significa não reter nada; significa pôr toda a esperança na fidelidade de Deus em relação a suas promessas.

Um amigo meu disse certa vez que os cristãos são como fertilizante natural: espalhe-os, e eles ajudarão tudo quanto existe em volta a crescer; empilhe-os, e eles começarão a feder demais. Em qual dos casos você se inclui? O tipo de cristão que cheira mal, em torno do qual as pessoas caminham mantendo uma distância segura? Ou o tipo que confia em Deus o suficiente para permitir que ele o espalhe por aí — mesmo que isso signifique abandonar seu grupo normal de amigos cristãos, aumentar suas doações materiais ou usar seu tempo para servir aos outros?

Minha falta de fé era o que me condenava na faculdade. Percebi que minhas escolhas me haviam colocado em uma pilha de adubo fedorento, e isso me motivou a procurar situações desconfortáveis. Comecei a ir ao centro de Los Angeles para compartilhar minha fé. Eu não "ouvi a voz de Deus" para ir ao centro da cidade; somente optei por ir. Obedeci.

Muitos de nós usamos a desculpa: "Estou esperando que Deus me revele seu chamado em minha vida" para não entrar em ação. Você ouviu o chamado de Deus para sentar em frente à televisão ontem? Ou para tirar férias? Ou para se exercitar hoje pela manhã? É provável que não, mas fez tudo isso, mesmo assim. A questão não é considerar as férias ou os exercícios errados, mas que estamos prontos para justificar nosso lazer e nossas prioridades, ao passo que demoramos muito para nos comprometer com o serviço a Deus.

Certa vez, um amigo meu falou a um grupo de pessoas. Depois que terminou, um sujeito o procurou e disse:

— Vou servir a Deus como missionário em outros países, mas, falando com sinceridade, se fosse para partir agora, eu o faria apenas por obediência a Deus.

Meu amigo respondeu assim:

— Sim, e aí?

Jesus disse: "Se vocês me amam, obedecerão aos meus mandamentos" (Jo 14:15). Ele não disse: "Se vocês me amam, obedecerão aos meus mandamentos quando se sentirem chamados ou bem a respeito disso". Se nós amamos, então temos de obedecer. E ponto final. Esse tipo de obediência incondicional é parte do que significa viver uma vida de fé.

A maior bênção que recebi durante essas viagens ao interior foi ver Deus operar em circunstâncias em que só ele poderia agir. Por isso, assumi o compromisso de me colocar em situações que me assustam e pedir a Deus que me acompanhe. Quando paro e analiso minha vida, percebo que *aqueles* tempos foram os mais significativos e satisfatórios de minha existência. Foram os períodos nos quais experimentei verdadeiramente a vida e Deus.

⇅

Por muito tempo em minha vida, eu não entendia o suficiente sobre o que significava desejar Deus ou confiar em seu amor a ponto de submeter minhas esperanças e meus sonhos. Eu vivia o tempo todo tentando ser "dedicado o bastante" a ele, mas nunca conseguia fazer isso direito.

Eu sabia que Deus queria tudo de mim, porém temia os resultados da completa rendição ao Senhor. Tentar com mais empenho não funcionava comigo. Aos poucos, aprendi a orar pela ajuda de Deus, e ele se tornou meu maior amor e desejo.

Apesar dessa grande mudança de foco e de tom em meu relacionamento com Deus, continuo lutando para me concentrar em Jesus todos os dias. No entanto, duas coisas me ajudam a seguir em frente.

Em primeiro lugar, lembro que, se paro de buscar Cristo, permito que nosso relacionamento deteriore. Nunca nos aproximamos de Deus quando vivemos por viver; essa aproximação exige interesse e atenção deliberados. Quando oro, às vezes peço ao Senhor que faça daquele momento o de maior intimidade espiritual que eu já tenha experimentado até então. Muitas vezes, quando falo em minha igreja ou em outro lugar, procuro me lembrar de que posso morrer logo depois de terminar minha pregação; assim, quais seriam minhas últimas palavras?

Em segundo lugar, lembro que não estamos sós. Mesmo agora, há milhares de seres no céu assistindo ao que está acontecendo aqui embaixo — uma "grande nuvem de testemunhas", como afirmam as Escrituras. Isso me faz recordar que há muito mais coisas envolvidas em nossa existência do que somos capazes de ver. O que fazemos reverbera nos céus e até na eternidade.

Tente passar um dia inteiro com o conceito do céu em mente. Assimile a noção de que há muita coisa acontecendo fora desta dimensão e de nossa existência. Deus e seus anjos estão olhando, mesmo neste exato momento.

O que realmente me faz seguir em frente é o dom e o poder que nos foram concedidos no Espírito Santo. Antes de Cristo deixar a terra, ele disse aos discípulos:

> Mas eu lhes afirmo que é para o bem de vocês que eu vou. Se eu não for, o Conselheiro não virá para vocês; mas se eu for, eu o enviarei. Quando ele vier, convencerá o mundo do pecado, da justiça e do juízo [...] Mas quando o Espírito da verdade vier, ele os guiará a toda a verdade.
>
> João 16:7-8,13

Os discípulos devem ter ficado chocados com a ideia de que a partida de Jesus era para o bem deles. O que poderia ser melhor do que ter Jesus ao seu lado? Você não preferiria ter Jesus andando fisicamente por perto o dia inteiro a ter um Espírito Santo aparentemente intangível vivendo dentro de seu ser?

Nossa visão do Espírito Santo é muito limitada. É ele quem transforma a igreja, mas temos de nos lembrar de que o Espírito Santo vive em nós. São pessoas vivendo cheias do Espírito que transformarão a igreja.

Efésios 5:18 afirma: "... deixem-se encher pelo Espírito...". Se você olhar o original grego, verá que está escrito tanto no imperativo (uma ordem contínua) quanto na voz passiva. A parte do imperativo significa que ser cheio do Espírito não é algo que se faz uma só vez, mas uma coisa que fazemos sempre e repetidamente. E o elemento passivo comunica a ação necessária de Deus no processo de preenchimento de nosso ser.

Nunca me senti tão entusiasmado com a igreja. Acho que há uma forte razão para esperar boas coisas dela. No início deste capítulo, mencionei como Annie Dillard escreveu que a maneira como vivemos nossos dias determina a maneira como vivemos nossa vida. O mesmo vale para o Corpo de Cristo: o modo de nós, os cristãos, vivermos nossa vida é um microcosmo da vida da igreja.

Minha esperança e minha oração são no sentido de que você termine a leitura deste livro com esperança, crendo que parte de sua responsabilidade no Corpo de Cristo é ajudar a estabelecer o ritmo da igreja, ouvindo, obedecendo e *vivendo* Cristo. Sabendo que Deus nos chamou para viver de maneira fiel e dedicada diante dele pelo poder do Espírito Santo. Você não precisa pregar para o seu pastor e sua congregação; só precisa pôr em prática, na vida diária, o amor e a obediência que o Senhor requer.

Há algum tempo, fiquei sabendo de um homem que ouviu uma pregação que fiz sobre 1Coríntios 15:19-20, em que Paulo escreve: "Se é somente para esta vida que temos esperança em Cristo, somos, de todos os homens, os mais dignos de compaixão. Mas de fato Cristo ressuscitou dentre os mortos...". Aquele homem estava convencido de que, considerando que Jesus está mesmo vivo, é necessário viver como ele. Por essa razão, o sujeito deixou o emprego onde ganhava muito bem e se tornou pastor — algo para que se sentia chamado havia um bom tempo.

Quando as pessoas promovem mudanças como essa em sua vida, o impacto é ainda maior do que quando se limitam a fazer declarações sem nenhuma paixão. O mundo precisa de cristãos que não toleram a complacência da própria vida.

É isso que desejo estar fazendo quando Cristo voltar?
Assim, chegamos ao fim deste livro. Não acho que seja uma coincidência o fato de Deus ter movido tanto o meu coração, ao longo dos últimos dias, com a história dos três cristãos que foram martirizados na Turquia.

Estou escrevendo em abril de 2007, e as notícias sobre os três mártires — Tilman, Necati e Ugur — ainda é recente. Não consigo tirá-las da cabeça. Eles foram torturados por três horas de maneiras que eu não conseguiria imaginar que fossem possíveis. Vou poupar você dos detalhes, mas foi uma coisa repulsiva e horrível. Fico pensando em como eles devem ter olhado uns para os outros enquanto eram torturados, e em seu olhar diziam: "Segure a barra um pouco mais. Não negue o Senhor! No fim, valerá a pena!".

No momento em que escrevo, uma semana e meia se passou depois da morte daqueles homens. Como devem estar eufóricos agora — mal consigo imaginar a alegria que sentiram uns cinco segundos depois de morrer. Daqui a cem, mil ou um milhão de anos, eles ainda dirão como valeu a pena. Histórias sobre santos fiéis como nossos irmãos mortos na Turquia serão assunto constante no céu.

A Bíblia é clara ao dizer que cada um de nós comparecerá diante de Deus e prestará contas da própria vida:

> Pois todos nós devemos comparecer perante o tribunal de Cristo, para que cada um receba de acordo com as obras praticadas por meio do corpo, quer sejam boas quer sejam más.
>
> 2Coríntios 5:10

> Ó grande e poderoso Deus, cujo nome é o SENHOR dos Exércitos [...] tu retribuis a cada um de acordo com a sua conduta, de acordo com os efeitos das suas obras.
>
> Jeremias 32:18-19

> Pois todos compareceremos diante do tribunal de Deus. Porque está escrito: "'Por mim mesmo jurei', diz o Senhor, 'diante de mim todo joelho se dobrará e toda língua confessará que sou Deus'". Assim, cada um de nós prestará contas de si mesmo a Deus.
>
> Romanos 14:10-12

O que as pessoas dirão sobre a sua vida no céu? Será que falarão sobre a obra e a glória de Deus manifestadas em você? Mais importante ainda: como responderá ao Rei quando ele perguntar o que você fez com o que ele lhe entregou?

Daniel Webster disse certa vez: "O maior pensamento que já penetrou em minha mente é o de que, um dia, terei de comparecer diante de um Deus santo e prestar um relatório a respeito de minha vida". Ele tinha razão.

Agora é hora de fechar este livro. Ajoelhe-se diante de nosso Deus santo e amoroso. Em seguida, viva a vida para a qual ele criou e capacitou você por intermédio do Espírito Santo. Faça isso com seus amigos, seus familiares, seu cônjuge, seus filhos, seus vizinhos, seus inimigos e até com as pessoas estranhas.

Assim como Paulo, que você seja capaz de dizer, ao fim de sua vida:

> Combati o bom combate, terminei a corrida, guardei a fé. Agora me está reservada a coroa da justiça, que o Senhor, justo Juiz, me dará naquele dia; e não somente a mim, mas também a todos os que amam a sua vinda.
>
> 2Timóteo 4:7-8

Sobre os autores

Francis Chan é pastor da Igreja Pedra Angular, em Simi Valley, na Califórnia. Ele é também fundador da Faculdade Bíblica Eternidade, e faz parte da diretoria do Fundo contra a Fome Infantil e do Impacto Mundial. Francis passa boa parte de seu tempo falando a estudantes em todo o território norte-americano, comprometido com um ensino bíblico objetivo. Sua paixão é por ver a igreja demonstrar um amor cada vez mais profundo por Jesus. Francis vive na Califórnia com a esposa, Lisa, e os quatro filhos.

Danae Yankoski se formou pela faculdade Westmont, onde estudou Literatura Inglesa e conheceu seu melhor amigo, Mike, com quem se casou. Ela publicou o primeiro livro aos 16 anos e, desde então, fez parte de vários projetos editoriais. Algumas das coisas favoritas de Danae são: tomar uma xícara de chá, fazer trilhas, correr e viver ao ar livre; participar de conversas que provocam reflexão; interagir com culturas diferentes; e brincar com seu labrador preto, Elliott. Ela e Mike passaram vários meses vivendo em comunidades da África e da América do Sul onde há falta de água potável. Eles desejam escrever sobre essas experiências de uma maneira que mobilize os leitores para além das estatísticas, de modo que amem verdadeiramente o próximo como a si mesmos.

Acesse o *site* <www.mundocristao.com.br/loucomor>
e leia a entrevista — Uma conversa com Francis Chan,
na qual o autor aborda assuntos contemporâneos da Igreja.

Conheça outras obras do autor

Francis Chan

- Apagando o inferno
- O Deus esquecido

Compartilhe suas impressões de leitura escrevendo para:
opiniao-do-leitor@mundocristao.com.br
Acesse nosso *site*: www.mundocristao.com.br

Diagramação: Set-up Time
Fonte: Minion Pro
Gráfica: Imprensa da Fé
Papel: Spbright 70g (miolo)
Cartão enzo coat 250g/m^2 (capa)